JN423532

평신도 교육교재

성경열람 문제집

(구약부 · 신약부)

평신도 교육교재

성경열람 문제집 구약부 신약부

초판 발행 · 1980년 6월 20일
재판 인쇄 · 1999년 4월 10일
개정판 2쇄 · 2023년 8월 4일

발행 · 대한예수교장로회총회
편집 · 대한예수교장로회총회 교육부
제작 · 대한예수교장로회총회 출판부

주소 · 06177 서울 강남구 영동대로 330
전화 · (02)559-5633(교육국) (02)559-5655(출판국)
팩스 · (02)539-0203(교육국) (02)6940-9384(출판국)
인터넷서점 · www.holyonebook.com
출판등록 · 제1977-000003호

※ 책값은 뒤표지에 있습니다.

평신도 교육교재

성경열람 문제집

(구약부 · 신약부)

※ 성경통신대학 입학생께서는 아래 사항을 기록하여 보내주세요.

이　　름			
생년월일		입학번호	
전　　화		휴 대 폰	
주　　소			
교　　회		노　　회	
주　　소			

총 점	평 균	확 인
점	점	

성경통신대학

1. **학 제** : 1~2년(매년 2월에 졸업식)
2. **목 적**
   1) 교단 산하 평신도들에게 개혁주의 신앙을 바로 알게 한다.
   2) 체계적인 교육으로 지상의 교육사명을 잘 감당하게 한다.
   3) 평신도를 교육하여 성경과 제반 신앙지식을 함양하여 교회를 섬기고 봉사하게 한다.
3. **과 목** : 성경열람문제집(구약부, 신약부), 일반과목 문제집(헌법, 표준예식서, 성경개론, 기초교리학, 교회사, 교회행정학, 예배학, 청지기론)
4. **입학자격** : 본 교단 산하 모든 성도
5. **입학시기** : 수시 가능
6. **입학등록** : 성경통신대학(T. 559-5633)
7. **입학방법** : 55,000원(등록비 및 교재비)을 국민은행 350-01-0025-319(대한예수교장로회총회)로 보내거나 직접 방문(송금 후 전화 바람)
8. **서류 제출 및 공부 방법**
   1) 입학원서를 등기우편으로 보내주세요(주민등록등본 또는 초본 첨부, 사진 부착).
   2) 성경열람 문제집(구약부, 신약부)은 성경을 읽어가며 답을 기록하여 등기우편 또는 택배로 보내주세요(입학시점 6개월 후부터 답안지 접수-채점 기간 3주, 3주 후부터 수료증 발급 가능-채점 후 개별 통지).

3) 일반과목 문제집에 답을 기록한 후 등기 또는 택배로 보내주세요.

4) 졸업대상자에게는 12월 중순경 졸업 안내문을 보내드립니다.

5) 졸업대상자는 졸업논문을 제출하여야 하며, 졸업에 대한 자세한 내용은 졸업 안내문을 참고하시기 바랍니다.

9. 특 전

1) 장로고시 응시자격 부여

2) 장로고시 때 성경시험 면제(수료 증서를 발급받아 노회에 제출)

3) 성적 우수생에게는 상장 및 상품 수여(졸업식 때)

10. 주의사항

1) 전 과목 60점 이상 받아야 합니다.

2) 졸업대상자는 논문을 꼭 제출하셔야 합니다.

3) 성경통신대학에서 실시하는 수련회에 참석하셔야 합니다.
(수련회 참석 시 논문 면제)

4) 모든 우편물은 등기로 보내셔서 분실사고가 없도록 하시기 바랍니다.

11. **기 타** : 기타 상세한 내용은 성경통신대학으로 문의하시기 바랍니다.(TEL. 559-5633 FAX. 539-0203)

대한예수교장로회총회 총회교육부 성경통신대학

성경통신대학 입학 안내

총회에서 운영하는 평신도 교육프로그램입니다.

특　　전 : ① 장로고시 응시자격 부여
② 장로고시 때 성경시험 면제(수료증서 노회에 제출)

과　　목 : ① 성경열람문제집(구약부, 신약부) ② 일반과목문제집
③ 헌법 ④ 표준예식서 ⑤ 성경개론 ⑥ 기초교리학
⑦ 교회사 ⑧ 교회행정학 ⑨ 예배학 ⑩ 청지기론

입학자격 : 본 교단 모든 성도

입학시기 : 수시 가능

입학방법 : ① 입학원서와 등본1부를 총회성경통신대학으로 보내주세요.
② 등록비 및 교재비(55,000원)를 계좌로 보내주세요.
국민은행 350-01-0025-319(대한예수교장로회총회)

문　　의 : 상세한 내용은 성경통신대학으로 문의하시기 바랍니다.
(성경통신대학 담당자 ☎ 559-5633)

평신도 교육교재 사용 안내

본 교재는 성경뿐 아니라 다양한 기독교 학문을 깊이 있게 다루어 신앙의 기초를 든든히 세워주는 평신도 교육교재입니다. 교회의 성경대학 프로그램이나 제자훈련 교재, 소모임 교육교재, 셀리더 교재 등 다양하게 활용할 수 있습니다.

또한, 장로, 집사, 권사, 교사 등 교회 직분자뿐만 아니라 성경공부를 하고 싶은 모든 성도들에게 적극 추천합니다.

머리말

"모든 성경은 하나님의 감동으로 된 것으로 교훈과 책망과 바르게 함과 의로 교육하기에 유익하니 이는 하나님의 사람으로 온전하게 하며 모든 선한 일을 행할 능력을 갖추게 하려 함이라"(딤후 3:16~17)

금번 발행하는 "평신도를 위한 성경공부교재"는 오래 전부터 현재까지 총회 성경통신대학에서 교재로 사용되고 있는 도서를 일반 성도들에게도 쉽게 보급하고자 출간하게 되었습니다. 성경교육의 역사가 곧 기독교의 역사라고 해도 될 만큼 말씀을 가르치고 배우는 평신도교육이 중요한 것이 사실입니다. 이러한 평신도 교육의 중요성을 알고 총회차원에서 8개 과목(성경개론, 기초교리학, 교회사, 교회행정학, 예배학, 청지기론, 표준예식서, 헌법)으로 성경통신대학을 개설하여 장로 및 교회 직분자와 주일학교 교사 교육에 귀한 도구로 쓰임 받아 왔습니다. 이러한 때에 성경본문을 개역한글판에서 개역개정판으로 수정하고 오탈자를 바로잡아 평신도 교육교재로 새롭게 출간하게 되었습니다.

성경공부를 하고 싶은 성도라면 누구나 스스로 공부할 수 있는 기회를 만들어주는 것이 본 교재의 취지이며 그동안 성경통신대학 입학자들이 사용하는 교재를 평신도 교육교재로 확대 개편하여 출간하게 됨을 진심으로 기쁘게 생각합니다. 총회교육부가 운영하는 성경통신대학에 입학하여 성경통신대학 과정을 밟으셔도 좋고, 입학하지 않고 개인이나 소모임에서 교재를 별도 구입하여 스스로 공부를 하셔도 좋은 귀한 평신도 교육교재가 되리라 믿습니다. 이 교재를 사용하시는 모든 분이 하나님의 말씀과 교리를 체계 있게 공부함으로 개혁주의 신학과 신앙에 기초한 구원의 확신을 가지고, 은혜와 진리가 충만하여 이웃과 교회를 든든히 세우는 일에 더욱 크게 쓰임 받으시기를 간절히 바랍니다.

대한예수교장로회 교육부장

차례

구약

신약

구 약
(성경열람문제)

제1장 / 창세기-출애굽기

창세기

서론

저자 : 모세

연대 : 주전 1446~1400년경

목적 : 우주 만물과 인간의 기원, 타락, 번성의 과정을 보여줌

주제 : 하나님의 백성인 이스라엘의 열두 지파 형성

요절 : 창세기 3:15

개요 : 1. 창조와 타락(1~3장)

2. 인류의 번성과 홍수 심판(4~8장)
3. 홍수 이후 인류의 재번성과 흩어짐(9~11장)
4. 아브라함의 선택과 믿음의 여생(12~23장)
5. 언약의 자손인 이삭의 생애(24~27장)
6. 야곱과 이스라엘의 열두 지파 형성(28~37장)
7. 메시야가 약속된 유다 지파의 존속(38장)
8. 요셉과 이스라엘 12지파의 애굽 이주(39~50장)

학습문제

1. 하나님은 인간을 누구의 형상으로 창조하셨습니까?(1장)

---

2. 창조의 마지막 날인 일곱째 날에 하나님은 무엇을 하셨습니까?(2장)

---

3. 하나님께서 부르실 때 아담은 왜 숨었습니까?(3장)

---

4. 하나님 앞에서 왜 가인은 몹시 분하여 안색이 변했습니까?(4장)

5. 하나님께서 아벨 대신 주신 아들은 누구입니까?(4장)

6. 누구 때부터 사람들이 비로소 여호와의 이름을 부르기 시작했습니까?(4장)

7. 가장 오래 산 사람은 누구이며 몇 세까지 살았습니까?(5장)

8. 방주에서 나온 노아는 가장 먼저 무엇을 했습니까?(8장)

9. 하나님께서 홍수 후에 동물을 먹도록 허락하시면서 무엇을 금하셨습니까?(9장)

10. 하나님께서 노아와 모든 생물 사이에 세운 언약의 증거는 무엇입니까?(9장)

11. 아브람이 75세 때 무엇을 따라갔습니까?(12장)

12. 롯이 보았을 때 멸망 전의 소돔과 고모라는 어디와 같았습니까?(13장)

13. 아브람이 얻은 것에서 얼마를 멜기세덱에게 주었습니까?(14장)

14. 여호와께서 아브람의 의로 여기신 것은 무엇이었습니까?(15장)

15. 도망갔던 하갈은 자기에게 이르신 여호와의 이름을 어떻게 고백했습니까?(16장)

16. 하나님께서 아브라함과 맺으신 언약의 표징은 무엇이었습니까?(17장)

17. 조카 롯을 구하기 위해 아브라함은 하나님께 몇 번 요청했습니까?(18장)

18. 아브라함이 아비멜렉과 그 군대장관 비골과 언약을 세운 곳은 어디였습니까?(21장)

19. 아브라함이 아내 사라를 장사한 곳은?(23장)

20. 리브가의 오빠와 모친이 리브가를 축복하면서 무엇이 되라 했습니까?(24장)

21. 리브가가 임신이 되지 않자 이삭은 무엇을 했습니까?(25장)

22. 이삭이 그랄에서 판 세 개의 우물은 무엇입니까?(26장)

23. 아비멜렉이 이삭에게 와서 무엇을 분명히 보았다고 했습니까?(26장)

24. 야곱은 7년의 품삯으로 외삼촌 라반에게 누구를 아내로 요구했습니까?(29장)

25. 야곱의 아내가 된 네 여인의 이름은?(29~30장)

26. 레아가 낳은 아들들의 이름은?(29장)

27. 라헬의 시녀 빌하가 낳은 아들들의 이름은?(30장)

28. 레아의 시녀 실바가 낳은 아들들의 이름은?(30장)

29. 라헬이 낳은 아들들의 이름은?(30, 35장)

30. 야곱이 이삭에게로 돌아갈 때 라헬은 아버지의 무엇을 도둑질했습니까?(31장)

31. 야곱과 라반이 언약을 맺을 때 그들 사이에 누가 증인이라고 말했습니까?(31장)

32. 야곱의 이름이 이스라엘로 바뀐 곳은?(32장)

33. 야곱의 딸 디나를 욕보인 세겜 족속을 칼로 친 두 아들은 누구였습니까?(34장)

34. 디나의 사건 후 하나님께서는 야곱에게 어디로 올라가서 거주하라고 하셨습니까?(35장)

35. 요셉을 이스마엘 사람들에게 팔자고 했던 형은?(37장)

36. 유다가 며느리 다말에게서 낳은 두 아들의 이름은?(38장)

37. 여호와께서 누구를 위해 친위대장 보디발의 집에 복을 주셨습니까?(39장)

38. 애굽의 바로가 꿈을 두 번 겹쳐 꾼 이유는 무엇입니까?(41장)

39. 애굽의 바로는 요셉을 어떤 사람이라고 감탄했습니까?(41장)

40. 애굽의 바로가 요셉의 이름을 무엇으로 바꾸었습니까?(41장)

41. 우리가 요셉의 핏값을 치르게 되었다고 말한 사람은 누구였습니까?(42장)

42. 베냐민과 야곱을 위해 요셉에게 집안 상황을 용기 있게 설명했던 형은?(44장)

43. 요셉은 왜 하나님께서 자신을 먼저 애굽으로 보내셨다고 말했습니까?(45장)

44. 야곱은 바로 앞에서 어떤 세월을 보냈다고 말했습니까?(47장)

45. 야곱은 애굽 땅에서 몇 년을 거주했고 몇 세에 죽었습니까?(47장)

46. 야곱은 요셉의 두 아들을 축복하면서 누구를 더 앞세웠습니까?(48장)

47. 야곱의 예언 중에서 르우벤이 탁월하지 못하게 된 이유는 무엇이었습니까?(49장)

48. 실로가 오시기까지 통치자의 지팡이가 떠나지 않는 예언은 누구에게 주어졌습니까?(49장)

49. 야곱을 장사한 후에 요셉의 형들은 무엇을 두려워했습니까?(50장)

50. 하나님께서는 형들이 요셉을 해치려 한 것에 어떻게 역사하셨습니까?(50장)

출애굽기

서론

저자 : 모세

시기 : 주전 1446~1400년경

목적 : 택하신 백성을 구원하시고 보호하시는 하나님의 권능과 과정을 보여줌

주제 : 하나님과 백성 사이의 언약

요절 : 출애굽기 19:5~6

개요 : 1. 이스라엘 백성의 고난과 모세의 출생 및 소명(1~4장)
2. 바로 앞에 서는 모세와 아론 및 아홉 가지 재앙(5~11장)
3. 유월절 제정 및 열 번째 재앙과 출애굽(12~13장)
4. 홍해의 기적과 찬양(14~15장)
5. 시내 산까지의 여정(16~18장)
6. 시내 산에서 율법 수여와 언약 체결(19~24장)
7. 성막과 그 기구들 제작(25~40장)

학습문제

51. 요셉을 모르는 새로 등극한 바로가 건축을 명령한 두 성은?(1장)

52. 애굽 왕의 명령을 받았던 두 히브리 산파는?(1장)

53. 모세라는 이름의 의미는 무엇입니까?(2장)

54. 하나님은 어떤 분이라고 모세에게 말씀하셨습니까?(3장)

55. 무엇 때문에 십보라는 모세를 피 남편이라고 했습니까?(4장)

56. 여호와께서 모세에게 너를 바로에게 누구같이 되게 하였다고 말씀하셨습니까?(7장)

57. 애굽 사람들이 왜 마실 물을 구했습니까?(7장)

58. 애굽 요술사들이 사람과 가축에게 생긴 이를 무엇 때문이라고 했습니까?(8장)

59. 하나님께서 이스라엘과 애굽 백성을 구별한 넷째 재앙은?(8장)

60. 애굽의 모든 가축은 죽었으나 이스라엘의 가축은 하나도 죽지 않은 재앙은?(9장)

61. 바로가 처음으로 이번은 내가 범죄하였노라고 고백한 재앙은?(9장)

62. 신하들이 바로에게 아직도 애굽이 망한 줄 모르시냐고 말한 재앙은?(10장)

63. 열 번째 재앙을 앞두고 이스라엘은 어떤 양이나 염소를 취하라 하셨습니까?(12장)

64. 피를 어디에 바르라 하셨습니까?(12장)

65. 무교병을 먹는 날은 언제부터 언제까지라 하셨습니까?(12장)

66. 이스라엘이 애굽에 거주한 지 몇 년이 끝나는 날에 애굽에서 나왔습니까?(12장)

67. 마라에서 왜 이스라엘 백성들이 원망했습니까?(15장)

68. 이스라엘 백성이 신 광야에서 무엇이 먹고 싶다고 원망했습니까?(16장)

69. 한 사람이 만나를 얼마큼씩 거도록 명하셨습니까?(16장)

70. 물이 없어서 이스라엘 백성이 모세와 다툰 곳은?(17장)

71. 아말렉과 싸울 때 모세와 함께 산에 올라간 두 사람은?(17장)

72. 아말렉을 물리치고 모세가 제단을 쌓고 부른 이름은?(17장)

73. 모세의 장인 이드로는 하나님을 두려워하며 진실하며 또 무엇을 미워하는 자를 살펴서 백성 위에 천부장, 백부장, 오십부장, 십부장으로 세우라 했습니까?(18장)

74. 하나님께서 죄는 몇 대까지 갚으시고 은혜는 몇 대까지 베푸십니까?(20장)

75. 이스라엘도 애굽 땅에서 나그네였기 때문에 누구를 압제하지 말고 학대하지 말라고 하셨습니까?(22장)

76. 너는 재판장을 무엇 하지 말고 백성의 지도자를 무엇 하지 말라고 하셨습니까?(22장)

77. 무엇이 밝은 자의 눈을 어둡게 하고 의로운 자의 말을 굽게 한다고 하셨습니까?(23장)

78. 매년 어떤 절기들을 세 번 지키라고 하셨습니까?(23장)

79. 궤는 무엇으로 만들고 무엇으로 싸라고 하셨습니까?(25장)

80. 상 위에 무엇을 누어 항상 여호와 앞에 있도록 하셨습니까?(25장)

81. 등잔대의 꽃받침과 꽃은 무슨 꽃의 형상으로 만들라 하셨습니까?(25장)

82. 제사장으로 택함 받은 아론의 네 아들은?(28장)

83. 어떤 보석에다 이스라엘의 열두 이름을 새기라 하셨습니까?(28장)

84. 순금으로 패를 만들어 거기에 무엇을 새겨 쓰라고 하셨습니까?(28장)

85. 반 세겔 속전은 어디에 쓰라고 하셨습니까?(30장)

86. 성막과 그 기구들을 만들도록 하나님께서 지명하신 두 사람은? (31장)

87. 모세가 계명을 받기 위해 산에 있는 동안 아론과 백성들이 무엇을 만들었습니까?(32장)

88. 이스라엘을 진멸하시려는 하나님께 모세는 누구를 기억해 달라고 간청했습니까?(32장)

89. 여호와의 편에서 우상을 만든 이스라엘을 처벌한 사람들은 어느 자손이었습니까?(32장)

90. 여호와께서 이스라엘이 어떤 백성이기에 내가 길에서 너희를 진멸할까 염려한다 하셨습니까?(33장)

91. 모세가 돌판 둘을 갖고 두 번째 시내 산에 올랐을 때 다른 신에게 절하지 말라고 하시면서 여호와는 어떤 하나님이시라고 하셨습니까?(34장)

92. 네 아들은 장자를 다 대속할지며 무엇으로 내 얼굴을 보지 말라 하셨습니까?(34장)

93. 모세는 백성 앞에서 자기 얼굴의 광채를 어떻게 했습니까?(34장)

94. 안식일에는 처소에서 무엇도 피우지 말라 하셨습니까?(35장)

95. 이스라엘 백성이 성소의 물건을 만들기 위하여 아침마다 무엇을 가져왔습니까?(36장)

96. 물두멍과 그 받침은 회막 문에서 수종드는 여인들의 무엇으로 만들었습니까?(38장)

97. 모세가 그 마친 모든 것이 여호와의 명대로 된 것을 보고 그들에게 무엇을 했습니까?(39장)

98. 성막과 그 안에 있는 모든 것과 모든 기구에 무엇을 발라 거룩하게 하라고 하셨습니까?(40장)

99. 구름이 회막에 덮이고 성막에 무엇이 충만해 모세가 회막에 들어갈 수 없었습니까?(40장)

100. 이스라엘 자손이 언제 그 모든 행진하는 길에 앞으로 나아갔습니까?(40장)

제2장 / 레위기-신명기

레위기

서론

저자 : 모세

시기 : 주전 1446~1400년경

목적 : 제사를 통한 하나님과의 교제를 알려줌

주제 : 거룩하신 하나님과 거룩한 백성

요절 : 레위기 19:2

개요 : 1. 제사들(1~7장)
2. 제사장들(8~10장)
3. 정결규 (11~15장)
4. 속죄일(16장)
5. 이스라엘의 거룩한 삶을 위한 규 (17~22장)
6. 절기, 안식년, 희년(23~25장)
7. 순종의 축복과 불순종의 저주(26~27장)

학습문제

1. 어떤 새를 번제 예물로 드릴 수 있습니까?(1장)

2. 모든 소제물에 반드시 무엇을 넣어야 합니까?(2장)

3. 화목제의 예물 중에서 무엇을 먹지 말아야 합니까?(3장)

4. 기름 부음 받은 제사장이 범죄하면 어떤 제물로 속죄제를 드립니까?(4장)

5. 여호와의 성물에 대해 부지중에 죄를 범했을 때 드리는 제사는?(5장)

6. 제사장 위임식 때 속죄제 제물의 고기와 가죽은 진영 밖에서 어떻게 했습니까?(8장)

7. 모세와 아론이 회막에 들어갔다가 나오면서 백성을 위해 무엇을 했습니까?(9장)

8. 여호와께서 명령하시지 않은 다른 불로 분향하다 죽은 아론의 두 아들은?(10장)

9. 하나님께서 누구에게 거룩함을 나타내신다고 말씀하셨습니까?(10장)

10. 남아를 낳으면 며칠 만에 그 포피를 베라고 하셨습니까?(12장)

11. 아사셀을 위한 염소는 어디로 보내도록 하셨습니까?(16장)

12. 가나안 땅에 들어가 심은 과실은 넷째 해에 어떻게 하라 하셨습니까?(19장)

13. 죽은 자 때문에 살에 무엇을 하지 말고 무엇을 놓지 말라 하셨습니까?(19장)

14. 이스라엘의 속죄일은 몇 월 며칠이었습니까?(23장)

15. 너희 땅의 곡물을 벨 때 밭 모퉁이까지 다 베지 말고 떨어진 것을 누구를 위해 남겨두라 하셨습니까?(23장)

16. 희년에는 그 땅에 있는 모든 주민을 위하여 무엇을 공포하라 하셨습니까?(25장)

17. 왜 토지를 영구히 팔지 말라고 하셨습니까?(25장)

제2장 / 레위기-신명기

민수기

서론

저자 : 모세

시기 : 주전 1446~1400년경

목적 : 이스라엘의 40년 광야 생활과 연단 과정을 보여줌

주제 : 하나님께서 광야의 이스라엘을 보호하심

요절 : 민수기 14:21~24

개요 : 1. 1차 인구조사 및 진영 조직(1~4장)
2. 각종 규 (5~9장)
3. 시내 산에서 모압까지(10~25장)
4. 2차 인구조사와 가나안 점령을 위한 준비(26~36장)

학습문제

18. 1차 인구조사에서 20세 이상의 어떤 사람들을 계수하라고 하셨습니까?(1장)

19. 1차 인구조사에서 계수된 자는 모두 몇 명이었습니까?(1장)

20. 레위인은 무엇에 대한 책임을 지키기 위해 계수하지 말라고 하셨습니까?(1장)

21. 이스라엘의 모든 처음 난 자 대신에 누구를 여호와께 대신하게 하셨습니까?(3장)

22. 의심이 가는 여인의 행실을 판단할 때 제사장은 어떤 물을 사용했습니까?(5장)

23. 나실인의 서원을 하고 자기 몸을 구별하여 여호와께 드리려고 하면 무엇을 멀리 해야 합니까?(6장)

24. 모세는 아론과 그의 아들들에게 누구의 이름으로 이스라엘 자손에게 축복하라고 하였습니까?(6장)

25. 이스라엘 회중이 모이거나 진행할 때 신호로 사용한 기구는 무엇입니까?(10장)

26. 이스라엘 진이 여호와의 산에서 떠나 삼일 길을 갈 때 무엇이 그들 앞서 가며 그들의 쉴 곳을 찾았습니까?(10장)

27. 백성이 악한 말로 원망하자 여호와께서 진영 끝을 불사르신 곳은?(11장)

28. 70인 장로 중 진영에서 영을 받아 예언한 두 사람은?(11장)

29. 고기를 먹지 못해 원망하는 이스라엘 백성에게 메추라기를 주시고 큰 재앙으로 욕심을 낸 백성을 치신 곳은?(11장)

30. 모세의 무엇이 지면의 모든 사람보다 더했습니까?(12장)

31. 정탐자들이 포도송이 가지를 베어 둘이 막대기에 꿰어 멘 곳은? (13장)

32. 정탐자들이 보고할 때 우리가 곧 올라가서 그 땅을 취하자 우리가 능히 이기리라고 말한 사람은?(13장)

33. 여호수아와 갈렙은 가나안 사람들이 그들의 무엇이라고 말했습니까?(14장)

34. 애굽으로 돌아가자는 백성에게 하나님께서 진노하실 때, 모세는 무엇을 따라 이 백성을 사해 달라고 간구했습니까?(14장)

35. 모세의 보냄을 받고 땅을 정탐하고 돌아와서 그 땅에 대하여 악평한 자들은 어떻게 되었습니까?(14장)

36. 안식일에 나무하러 갔던 사람을 어떻게 하라고 하셨습니까?(15장)

37. 모세의 지도권에 대항하다 땅이 갈라져 그 가족과 장막과 함께 죽은 세 사람은 누구입니까(16장)

38. 모세에게 대항했던 이스라엘의 회중 가운데 분향하던 이백오십명이 어떻게 되었습니까?(16장)

39. 아론의 지팡이에 어떤 열매가 열렸습니까?(17장)

40. 이스라엘의 부정을 씻는 물을 위해 간직된 재는 무엇의 재였습니까?(19장)

41. 모세가 지팡이로 반석을 두 번 쳐서 나온 물을 무슨 물이라 했습니까?(20장)

42. 아론이 죽은 산은?(20장)

43. 죽은 아론의 제사장직을 이어받은 아론의 아들은?(20장)

44. 하나님이 보낸 불뱀에게 물린 사람들은 무엇을 보고 살아났습니까?(21장)

45. 요단을 건너기 전에 이스라엘이 정복한 두 왕은?(21장)

46. 발람이 탄 나귀가 누구를 보고 발람 밑에 엎드려 움직이지 않았습니까?(22장)

47. 발람은 발락에게 무엇만 말할 뿐이라고 했습니까?(22장)

48. 발람이 예언하여 말하기를 하나님은 왜 거짓말을 하시지 않고 후회가 없으시다 했습니까?(23장)

49. 싯딤에서 음행을 저지르는 이스라엘과 미디안 여인을 창으로 죽여 여호와께서 내리신 염병을 그치게 한 사람은?(25장)

50. 제2차 인구조사에서 계수된 자는 모두 몇 명이었습니까?(26장)

51. 모세는 한 사람을 세워 이스라엘 회중이 무엇같이 되지 않게 해달라고 여호와께 요청했습니까?(27장)

52. 부지중 살인한 자를 위해 무엇을 짓도록 했습니까?(35장)

53. 도피성으로 피한 살인자는 언제까지 그 도피성에 머물러야 했습니까?(35장)

신명기

서론

저자 : 모세

시기 : 주전 1446~1400년경

목적 : 가나안 점령을 앞둔 출애굽 2세대에게 지난 40년의 역사를 회고하며 불신앙과 불순종의 비극을 주지시키고 율법을 가르쳐 신앙적으로 무장시킴

주제 : 마음과 뜻과 힘을 다하여 네 하나님을 사랑하라(6:5)

요절 : 신명기 10:12~13

개요 : 1. 모세의 회고(1~4장)
2. 율법 선포(5~27장)
3. 순종의 축복과 불순종의 저주(28~30장)
4. 모세 사역의 정리와 죽음(31~34장)

학습문제

54. 왜 모세는 재판할 때 외모를 보지 말고 귀천을 차별 없이 듣고 사람의 낯을 두려워하지 말라고 했습니까?(1장)

55. 하나님께서 세일 산을 누구에게 기업으로 주셨습니까?(2장)

56. 이스라엘이 가나안 땅에서 스스로 부패해 우상을 만들어 여호와 앞에 악을 행하면 요단을 건너가 얻는 땅에서 어떻게 된다고 했습니까?(4장)

57. 여호와께서 이스라엘에게 하늘에서부터 그의 음성을 듣게 하시고 땅에서 큰 불을 보이시고 불 가운데서 나오는 말씀을 듣게 하신 이유는?(4장)

58. 애굽에서 종이었던 이스라엘을 여호와께서 무엇으로 인도하셨습니까?(5장)

59. 부모를 공경하면 여호와께서 주신 땅에서 어떻게 된다고 하셨습니까?(5장)

60. 여호와께서 명하시는 말씀을 마음에 새기고 자녀에게 어떻게 가르치라고 하셨습니까?(6장)

61. 우리가 그 명령하신 대로 모든 명령을 하나님 앞에서 삼가 지키면 그것이 곧 우리의 무엇이라 했습니까?(6장)

62. 하나님께서 이스라엘을 사랑하시고 무엇을 지키기 위해 애굽 왕 바로의 손에서 속량하셨습니까?(7장)

63. 여호와께서 무엇을 보내 가나안의 남은 자와 피하여 숨은 자를 멸하신다 하셨습니까?(7장)

64. 사람이 떡으로만 사는 것이 아니요 여호와의 입에서 나오는 모든 말씀으로 사는 줄을 알게 하기 위해 먹이신 것은?(8장)

65. 하나님은 사람이 누구를 징계함같이 이스라엘을 징계하십니까?(8장)

66. 여호와께서 이스라엘의 공의가 아니라 가나안 민족들의 무엇으로 말미암아 그들을 쫓아내신다 하셨습니까?(9장)

67. 마음과 뜻을 다해 여호와를 사랑하고 섬기면 적당한 때에 무엇을 내리십니까?(11장)

68. 어느 산에서 축복과 저주를 선포하라고 하셨습니까?(11장)

69. 여호와께서 원하시는 모든 아름다운 서원물을 어디로 가져가라고 하셨습니까?(12장)

70. 이스라엘의 하나님 여호와의 목전에 무엇을 행하면 그들과 그 후손에게 영구한 복이 있다고 하셨습니까?(12장)

71. 형제 중 누구에게 손을 펼치라고 하셨습니까?(15장)

72. 유월절을 지켜 무교병을 먹으면서 평생 무엇을 기억하라 하셨습니까?(16장)

73. 어느 날부터 일곱 주를 세어 칠칠절을 지키라 하셨습니까?(16장)

74. 무교절, 칠칠절, 초막절에 각 사람이 여호와께서 주신 복을 따라 어떻게 예물을 드리라고 하셨습니까?(16장)

75. 다른 신을 섬겨 악을 행한 자들을 돌로 쳐서 죽일 때 누가 먼저 손을 대고 그 후에 뭇 백성이 손을 대라고 하셨습니까?(17장)

76. 이스라엘이 다른 민족처럼 왕을 세우려면 반드시 어떤 자를 세우라고 하셨습니까?(17장)

77. 왕위에 오르게 된 자는 무엇을 평생토록 옆에 두고 읽으라 하셨습니까?(17장)

78. 선지자가 여호와의 이름으로 말했어도 무엇이 없으면 제 마음대로 한 말입니까?(18장)

79. 이스라엘의 소유가 된 땅에서 조상이 정한 무엇을 옮기지 말라고 하셨습니까?(19장)

80. 이스라엘이 나가 어떤 성읍을 칠 때 먼저 무엇을 선언하라고 하셨습니까?(20장)

81. 나무에 달린 자는 하나님께 무엇을 받은 것이라고 했습니까?(21장)

82. 새집을 지을 때 지붕에 무엇을 만들어 사람이 떨어지지 않게 하라 하셨습니까?(22장)

83. 왜 하나님 여호와께서 발람의 말을 듣지 아니하시고 그 저주를 변하여 복이 되게 하셨습니까?(23장)

84. 어떤 돈과 소득을 가증하다고 여호와의 전에 가져오지 말라 하셨습니까?(23장)

85. 불순종하면 머리 위 하늘과 아래 땅은 무엇이 된다고 하셨습니까?(28장)

86. 불순종하면 여호와께서 끌어가시는 모든 민족 중에서 무엇이 된다고 하셨습니까?(28장)

87. 여호와의 말씀은 하늘이나 바다 밖에 있지 않고 어디에 있다고 하셨습니까?(30장)

88. 온 이스라엘이 모일 때 어디서 율법을 낭독하여 듣게 하셨습니까?(31장)

89. 하나님께서 이스라엘을 가나안 땅으로 들이신 후에 그들이 어떻게 되면 다른 신을 섬기고 언약을 배반할 것이라고 미리 말씀하셨습니까?(31장)

90. 모세가 노래의 말씀을 읽어주면서 여호와의 분깃은 무엇이라고 하였습니까?(32장)

91. 이스라엘이 다른 신을 섬기며 제사할 때 그것은 누구에게 제사하는 것입니까?(32장)

92. 우상을 섬기는 이스라엘은 무엇이 없어 깨닫지 못하고 자기의 종말을 분별하지 못했습니까?(32장)

93. 주께서 도우사 그가 그 대적을 치게 해달라고 모세가 축복한 지파는?(33장)

94. 모세가 베냐민을 축복하면서 누가 여호와의 곁에 안전히 사는 자라 했습니까?(33장)

95. 여호와의 복이 그 형제 중 구별한 자의 정수리에 임하는 축복을 받은 지파는?(33장)

96. 하나님께서 여수룬을 돕기 위해 하늘을 타고 궁창에서 무엇을 나타내십니까?(33장)

97. 여호와의 구원을 받은 이스라엘은 어떤 사람이라고 선포했습니까?(33장)

98. 여호와의 종 모세가 여호와의 말씀대로 어느 땅에서 죽었습니까?(34장)

99. 모세가 여호수아에게 안수하자 무엇이 충만했습니까?(34장)

100. 모세는 여호와께서 어떻게 아시던 자였습니까?(34장)

제3장 / 여호수아–사무엘하

여호수아

서론

저자 : 여호수아(일부는 여호수아 사후에 보충 추정)

시기 : 주전 1370년경

목적 : 하나님께서 주시기로 약속하신 가나안 땅의 정복 과정을 보여줌

주제 : 가나안 땅의 정복과 분배

요절 : 여호수아 1:8

개요 : 1. 가나안 땅 진입(1~5장)

2. 가나안 땅 정복(6~12장)
   ㄱ. 중부 가나안 정복(6~8장)
   ㄴ. 남부 가나안 정복(9~10장)
   ㄷ. 북부 가나안 정복(11:1~15)
   ㄹ. 정복 과정의 요약(11:16~12장)
3. 가나안 땅 분배(13~22장)
4. 여호수아의 고별 설교(23~24장)

학습문제

1. 하나님은 여호수아에게 어떤 곳을 모두 주겠다고 말씀하셨습니까?(1장)

2. 길이 평탄하고 형통하기 위해서 무엇을 주야로 묵상하고 지키라 하셨습니까?(1장)

3. 정탐꾼들은 라합에게 창문에 무엇을 증표로 달라고 하였습니까?(2장)

4. 언약궤와 이스라엘의 진 사이의 거리를 얼마쯤 되게 하라고 하셨습니까?(3장)

5. 요단을 건넌 후 여호수아가 요단에서 가져와 길갈에 세운 것은 무엇입니까?(4장)

6. 이스라엘이 아이 성에서 패한 것은 누구 때문이었습니까?(7장)

7. 아간을 돌로 쳐 죽인 곳은 어떤 지명으로 불리게 되었습니까?(7장)

8. 기브온 주민이 속일 때 여호수아와 이스라엘은 어떤 실수를 했습니까?(9장)

9. 여호와의 제단과 회중을 위해 기브온 주민은 어떤 일을 맡게 되었습니까?(9장)

10. 기브온에서 싸울 때 대적들은 이스라엘의 칼보다 무엇에 더 많이 죽었습니까?(10장)

11. 여호수아는 이스라엘의 지휘관들에게 사로잡은 다섯 왕의 어디를 밟으라 했습니까?(10장)

12. 이스라엘과 싸우기 위해 메롬 물가에서 대연합군을 이끈 왕은 누구였습니까?(11장)

13. 왜 기브온 주민과 히위 족속 외에 다른 족속이 이스라엘과 화친하지 못했습니까?(11장)

14. 갈렙은 몇 세 때 헤브론을 기업으로 달라고 요청했습니까?(14장)

15. 기럇 세벨을 쳐서 갈렙의 딸 악사를 아내로 얻은 사람은 누구입니까?(15장)

16. 요셉 자손인 에브라임과 므낫세는 가나안 사람들이 다 무엇을 가지고 있어 스스로 개척하기를 두려워했습니까?(17장)

17. 여호와께서 이스라엘 족속에게 하신 선한 말씀은 어떻게 되었습니까?(21장)

18. 르우벤 자손과 갓 자손과 므낫세 반 지파가 요단 언덕가에 무엇을 쌓았습니까?(22장)

19. 그 쌓았던 제단을 무엇이라 불렀습니까?(22장)

20. 그 단은 무엇을 증거하는 것이었습니까?(22장)

21. 여호수아는 이스라엘 회중에게 여호와를 경외하며 어떻게 섬기라고 선포했습니까?(24장)

22. 여호수아가 백성과 언약을 맺고 그들을 위해 율 와 법도를 정한 곳은?(24장)

23. 여호와께서 이스라엘을 위하여 행하신 모든 일을 아는 자들은 어떻게 살았습니까?(24장)

제3장 / 여호수아-사무엘하

사사기

서론

저자 : 사무엘로 추정

시기 : 주전 1050~1000년경

목적 : 하나님의 명령을 제대로 이행하지 않은 불완전한 가나안 정복이 이스라엘에게 치명적인 고통이 된 것을 보여줌

주제 : 사사들을 통한 하나님의 구원

요절 : 사사기 2:20~22

개요 : 1. 불완전한 가나안 정복과 그 결과(1~2장)
2. 사사들의 활동(3~16장)
3. 이스라엘의 부패상(17~21장)

학습문제

24. 여호수아가 죽은 후에 어느 지파가 먼저 가나안 족속과 싸웠습니까?(1장)

25. 유다와 시므온이 스밧의 가나안 족속을 쳐서 진멸한 곳을 무엇이라 했습니까?(1장)

26. 단 자손을 산지로 몰아넣고 골짜기에 내려오지 못하게 한 족속은?(1장)

27. 여호와의 사자는 불순종하는 이스라엘을 향해 가나안 족속이 그들 옆구리의 무엇이 되게 하신다고 했습니까?(2장)

28. 불순종에 대한 경고를 전하는 여호와의 사자의 말씀을 듣고 이스라엘 백성이 소리 높여 울고 여호와께 제사를 드린 곳은?(2장)

29. 후에 일어난 다른 세대는 어떤 일을 알지 못했습니까?(2장)

30. 여호와께서 누구를 통해 이스라엘이 명령을 순종하는지 시험하신다고 하셨습니까?(2장)

31. 이스라엘을 메소보다미아 왕 구산 리사다임의 손에서 구한 사사는?(3장)

32. 이스라엘을 모압 왕 에글론의 손에서 구한 사사는?(3장)

33. 소 모는 막대기로 블레셋 사람 육백 명을 죽여 이스라엘을 구한 사사는?(3장)

34. 가나안 왕 야빈의 손에서 이스라엘을 구한 여 사사는?(4장)

35. 야빈의 군대장관 시스라를 죽인 여인은?(4장)

36. 드보라와 바락의 노래에서 르우벤 시냇가에서 무엇이 있었다고 했습니까?(5장)

37. 기드온 사사는 어느 지파 사람이었습니까?(6장)

38. 기드온이 여호와의 사자를 대면하여 본 곳에서 제단을 쌓고 무엇이라 했습니까?(6장)

39. 여호와께서 기드온에게 무엇을 헐고 무엇을 찍으라고 이르셨습니까?(6장)

40. 기드온이 미디안과 싸울 때 자기들을 부르지 않았다고 크게 다툰 지파는?(8장)

41. 하나님께서 아비멜렉과 세겜 사람들 사이에 무엇을 보내 세겜 사람들이 아비멜렉을 배반하게 하셨습니까?(9장)

42. 이스라엘을 암몬 자손의 손에서 구원한 사사는?(11장)

43. 태에서 나옴으로부터 하나님께 바쳐진 나실인이었던 사사는?(13장)

44. 이스라엘에 왕이 없었으므로 사람마다 어떻게 행하였습니까?(17장)

제3장 / 여호수아–사무엘하

룻기

서론

저자 : 사무엘로 추정(탈무드에서 근거)

시기 : 주전 11세기 말경

목적 : 모압 여인 룻이 다윗의 증조모가 된 역사적 배경을 설명함

주제 : 신실한 룻의 신앙과 그에 대한 하나님의 보상

요절 : 룻기 1:16~17

개요 : 1. 룻의 결심과 선택(1장)
2. 룻의 헌신과 수고(2장)
3. 룻의 요청(3장)
4. 룻의 축복(4장)

학습문제

45. 나오미는 두 며느리에게 왜 너희로 말미암아 더욱 마음이 아프다고 했습니까?(1장)

---

46. 룻은 죽는 일 외에 어머니를 떠나면 무엇을 원한다고 말했습니까?(1장)

---

47. 보아스는 여호와의 날개 아래에 보호를 받으러 온 룻에게 여호와께서 무엇을 주시기를 원한다고 했습니까?(2장)

---

48. 보아스는 룻이 어떤 여자인 줄 성읍 백성이 다 안다고 했습니까? (3장)

49. 당시 무르고 교환하는 일을 확정하는 증거로 무엇을 벗어 이웃에게 주었습니까?(4장)

50. 룻이 낳은 아들은?(4장)

제3장 / 여호수아-사무엘하

사무엘상

서론

저자 : 히브리어 성경은 사무엘상 · 하가 한 권으로 되어 있으나 70인 역에서 두 권으로 나눔. 탈무드에는 사무엘의 기록으로 밝힘. 역대상 29:29의 "선견자 사무엘의 글과 선지자 나단의 글과 선견자 갓의 글"을 근거로 세 사람 모두가 기록에 기여한 것으로 추정하거나 선지자 학교의 한 사람이 편집한 것으로 추정함

시기 : 주전 930년 이후

목적 : 사사 시대에서 왕정 시대로 넘어가는 과도기 이스라엘의 역사를 보여줌

주제 : 이스라엘의 진정한 왕이신 하나님의 주권과 통치

요절 : 사무엘상 15:22~23

개요 : 1. 사무엘의 출생과 부각(1~3장)
2. 법궤를 빼앗기고 되찾음(4~7장)
3. 사울의 선택받음과 그의 불순종(8~15장)
4. 사울 왕궁에서의 다윗(16~20장)
5. 사울 왕으로부터 피신하는 다윗(21~27장)
6. 사울 왕의 몰락과 죽음(28~31장)

학습문제

51. 한나가 매년 여호와의 집에 올라갈 때마다 왜 울고 먹지 않았습니까?(1장)

52. 한나가 낳은 아들 사무엘의 이름의 뜻은 무엇입니까?(1장)

53. 한나가 기도하면서 지식의 하나님은 무엇을 달아 보신다고 했습니까?(2장)

54. 왜 엘리의 아들들의 죄가 여호와 앞에 심히 크다고 했습니까?(2장)

55. 사무엘이 자라면서 여호와와 사람 앞에서 더욱 무엇을 받았습니까?(2장)

56. 하나님의 사람이, 엘리 제사장 집안에 선포한 하나님의 저주가 임하는 표징이 무엇이라고 했습니까?(2장)

57. 엘리의 며느리가 해산을 하고 영광이 이스라엘에게서 떠났다는 뜻으로 지은 이름은?(4장)

58. 여호와의 손이 무엇으로 아스돗 사람과 그 지역을 쳤습니까?(5장)

59. 여호와께서 왜 벧세메스 사람들을 크게 살륙하셨습니까?(6장)

60. 어떤 불량배가 사울을 보고 이 사람이 어떻게 우리를 구원하겠느냐 하고 멸시할 때 사울은 어떻게 했습니까?(10장)

61. 사울이 암몬 사람을 물리쳤을 때 사무엘은 이스라엘 백성에게 어디로 가서 나라를 새롭게 하자고 했습니까?(11장)

62. 여호와께서 무엇을 보내셔서 이스라엘이 왕을 구한 일이 여호와의 목전에서 범한 큰 죄악임을 밝히 알게 하셨습니까?(12장)

63. 여호와께서는 무엇을 위해서라도 자기 백성을 버리지 아니하십니까?(12장)

64. 사무엘은 이스라엘을 위해 여호와 앞에서 어떤 죄를 결단코 범하지 않겠다고 했습니까?(12장)

65. 사울이 아말렉을 칠 때 여호와의 말씀에 불순종하자 근심한 사무엘은 무엇을 했습니까?(15장)

66. 여호와의 말씀을 거역하는 것은 무슨 죄와 같고 완고한 것은 무슨 죄와 같습니까?(15장)

67. 사무엘은 왜 하나님께서 사울을 버려 이스라엘의 왕이 되지 못하게 하셨다고 했습니까?(15장)

68. 사람은 외모를 보지만 여호와는 무엇을 보신다고 하셨습니까?(16장)

69. 요나단은 다윗을 어떻게 사랑했습니까?(18장)

70. 사울은 왜 다윗을 두려워했습니까?(18장)

71. 사울이 에돔 사람 도엑을 시켜 놉의 제사장들을 죽일 때 도망하여 다윗에게로 간 아히멜렉의 아들은?(22장)

72. 다윗이 사울을 피해 가드 왕 아기스에게로 가서 얻은 성읍은? (27장)

73. 블레셋이 침공했을 때 여호와께서 아무 대답을 하지 않자 사울은 누구를 찾아갔습니까?(28장)

74. 블레셋 사람들이 치자 도망한 이스라엘은 어느 산에서 엎드러져 죽었습니까?(31장)

75. 블레셋과의 전쟁에서 중상을 입은 사울은 스스로 어떻게 죽었습니까?(31장)

76. 블레셋 사람들은 사울의 시체를 어디에 못 박았습니까?(31장)

사무엘하

서론

저자 : 사무엘상과 같으나 야살의 책도 편집한 것으로 추정(1:8)
시기 : 주전 930년 이후
목적 : 다윗이 왕이 되어 통치하던 40년의 역사와 그의 신앙의 승리와 실패를 가감 없이 보여줌
주제 : 순종과 불순종에 대한 하나님의 언약과 그 성취
요절 : 사무엘하 7:8~9
개요 : 1. 다윗이 유다의 왕이 됨(1~4장)
2. 다윗이 이스라엘 전체의 왕이 됨(5~6장)
3. 하나님의 약속과 다윗의 범죄(7~12장)
4. 압살롬의 반역(13~20장)
5. 다윗의 통치에 대한 결언(21~24장)

학습문제

77. 사울과 요나단과 이스라엘이 블레셋의 칼에 죽임 당한 것을 듣고 다윗은 저녁 때까지 무엇을 했습니까?(1장)

78. 사울의 아들 이스보셋을 데리고 마하나임에서 이스라엘의 왕으로 삼은 사람은?(2장)

79. 이스보셋을 살해하고 그 머리를 다윗에게로 가져왔다가 죽임 당한 사람은?(4장)

80. 이스라엘 모든 장로가 언약을 맺고 다윗에게 기름을 부어 이스라엘 왕으로 삼은 곳은?(5장)

81. 다윗에게 백향목과 목수와 석수를 보내 다윗의 집을 지어준 사람은?(5장)

82. 여호와께서 웃사를 치시자 다윗이 두려워하여 여호와의 궤를 메어 가게 한 집은?(6장)

83. 다윗이 은총을 베풀고 자기의 상에서 항상 떡을 먹게 한 요나단의 아들은?(9장)

84. 다윗의 범죄가 여호와의 원수에게 무엇을 얻게 했습니까?(12장)

85. 여호와께서 솔로몬을 사랑하사 선지자 나단을 보내 그 이름을 무엇이라 하셨습니까?(12장)

86. 암논이 억지로 다말과 동침한 후에 그녀를 어떻게 했습니까?(13장)

87. 그술로 피한 압살롬을 데리고 예루살렘으로 온 사람은?(14장)

88. 요압을 불러도 오지 않자 압살롬은 종들을 시켜 요압의 밭을 어떻게 했습니까?(14장)

89. 다윗이 아히도벨의 모략을 패하도록 부탁한 사람은?(16장)

90. 자기의 계략이 시행되지 않자 아히도벨은 어떻게 하였습니까?(17장)

91. 나팔을 불며 다윗과 나눌 분깃이 없다고 선동한 불량배는 누구였습니까?(20장)

92. 다윗의 시대에 3년 연속 기근은 사울이 어디 사람을 죽였기 때문이었습니까?(21장)

93. 블레셋의 거인 이스비브놉이 다윗을 죽이려 할 때 다윗을 도와 그 거인을 죽인 사람은?(21장)

94. 다윗이 환난 중에 여호와께 아뢰니 여호와께서 어디서 다윗의 소리를 들으셨습니까?(22장)

95. 여호와께서 다윗의 무엇을 따라 상 주시며 무엇을 따라 갚으셨습니까?(22장)

96. 여호와는 자기에게 피하는 모든 자에게 무엇이 되십니까?(22장)

97. 다윗의 마지막 말에서 사악한 자는 다 내버려질 무엇과 같다고 했습니까?(23장)

98. 세 용사가 블레셋 진영을 돌파해서 떠온 물을 다윗이 마시기를 기뻐하지 않고 어떻게 했습니까?(23장)

99. 백성의 수를 조사한 다윗의 범죄에 대해 여호와께서 내리신 재앙은?(24장)

100. 다윗이 어디에서 제단을 쌓고 번제와 화목제를 드려 재앙이 그쳤습니까?(24장)

제4장 / 열왕기상-역대하

열왕기상

서론

저자 : 히브리어 열왕기를 70인 역에서 상, 하 두 권으로 분리. 탈무드에는 예레미야가 저자로 되어 있음. 대부분의 내용을 예레미야가 썼거나 예레미야와 동시대의 어떤 인물이 편집한 것으로 추정

시기 : 주전 646~570년경

목적 : 이스라엘 통일왕국의 전성기와 분열왕국의 쇠퇴에 대한 역사를 보여줌

주제 : 왕과 백성의 신앙 여부에 따른 하나님의 통치와 섭리

요절 : 열왕기상 9:4~5; 11:11

개요 : 1. 통일왕국의 역사(1~11장)

ㄱ. 솔로몬의 등극(1~2장)

ㄴ. 솔로몬의 지혜와 명성(3~4장)

ㄷ. 성전 건축(5~8장)

ㄹ. 솔로몬의 부귀와 타락(9~11장)

2. 분열왕국의 역사(12~22장)

ㄱ. 왕국의 분열(12~14장)

ㄴ. 남 유다의 두 왕과 북 이스라엘의 여섯 왕(15~16장)

ㄷ. 아합 왕과 엘리야 선지자(17~22장)

학습문제

1. 왕이 되는 야망을 품고 요압과 제사장 아비아달과 모의했던 다윗의 아들은?(1장)

2. 솔로몬은 어디에서 기름 부음을 받았습니까?(1장)

3. 아도니야는 무엇을 잡고 솔로몬에게 죽이지 않겠다는 맹세를 받았습니까?(1장)

4. 다윗은 죽기 전에 솔로몬에게 힘써 무엇이 되라고 했습니까?(2장)

5. 아도니야는 누구를 아내로 요구하다가 죽임 당했습니까?(2장)

6. 솔로몬이 제사장 아비아달을 파면한 것은 여호와께서 어디에서 누구의 집에 하신 말씀을 이루는 것이었습니까?(2장)

7. 여호와께서 요압의 피를 그의 머리로 돌려보내신 이유는 무엇이었습니까?(2장)

8. 솔로몬이 비록 여호와를 사랑하고 아버지 다윗의 법도를 행했지만 여전히 어디에서 제사 분향했습니까?(3장)

9. 온 이스라엘은 솔로몬 왕의 판결과 심리를 보면서 그의 속에 무엇이 있음을 보았습니까?(3장)

10. 솔로몬이 왕이 되었음을 두로 왕 히람이 듣고 그의 신하들을 왜 솔로몬에게 보냈습니까?(5장)

11. 이스라엘이 애굽에서 나온 지 몇 년째에 솔로몬이 성전 건축을 시작했습니까?(6장)

12. 솔로몬이 성전을 지은 기간은 몇 년이었습니까?(6장)

13. 솔로몬이 성전의 주랑 앞에 세운 두 놋 기둥의 이름은?(7장)

14. 솔로몬의 기도에서 여호와는 누구에게 언약을 지키시고 은혜를 베푸신다고 했습니까?(8장)

15. 스바 여왕은 여호와께서 솔로몬을 왕으로 삼아 무엇을 행하게 하셨다고 했습니까?(10장)

16. 솔로몬 왕이 예루살렘에서 은과 백향목을 무엇같이 흔하고 많게 했습니까?(10장)

17. 솔로몬이 여호와를 떠나자 여호와께서 솔로몬의 대적으로 일으킨 사람들은?(11장)

18. 여로보암에게 자기의 옷을 찢어주며 이스라엘의 분열을 예언했던 선지자는?(11장)

19. 르호보암은 노인들보다 누구의 말을 듣고 큰 잘못을 저지르게 되었습니까?(12장)

20. 르호보암은 여로보암과 이스라엘의 회중에게 무엇으로 징계한다고 말했습니까?(12장)

21. 여로보암은 백성들이 예루살렘에 가서 제사 드리지 못하도록 벧엘과 단에 무엇을 만들어 세웠습니까?(12장)

---

22. 르호보암 때 예루살렘을 쳐서 성전의 보물과 금 방패를 다 빼앗아 간 사람은?(14장)

---

23. 유다 왕 아사는 여호와 보시기에 정직하게 행하여 그 땅에서 어떤 자를 쫓아냈습니까?(15장)

---

24. 아사 왕은 은을 누구에게 보내며 이스라엘 왕 바아사를 치라고 부탁했습니까?(15장)

---

25. 디르사에서 칠 일 동안 왕위에 있었던 이스라엘의 왕은?(16장)

---

26. 세멜 산에 성읍을 건축하고 사마리아로 이름한 이스라엘의 왕은?(16장)

---

27. 여리고 터를 쌓다 맏아들 아비람을, 성문을 세우다 막내아들 스굽을 잃은 사람은?(16장)

---

28. 엘리야가 죽은 아들을 살려주자 사르밧 과부는 엘리야의 입에 있는 무엇이 진실한 줄 안다고 말했습니까?(17장)

---

29. 이세벨이 여호와의 선지자들을 멸할 때 선지자 백 명을 살린 사람은?(18장)

---

30. 이세벨을 피해 엘리야가 사십 주야를 가서 도착한 곳은?(19장)

31. 아합이 아람 왕 벤하닷과 싸울 때 여호와께서 먼저 싸움을 하도록 한 사람들은?(20장)

32. 이세벨은 불량자들을 동원해 어떤 거짓 증언으로 나봇을 죽였습니까?(21장)

33. 여호와께서는 왜 아합의 시대에 그의 집에 재앙을 내리시지 않았습니까?(21장)

34. 이스라엘 왕 아합은 왜 선지자 미가야를 미워했습니까?(22장)

35. 미가야가 여호와의 말씀을 전할 때 그의 뺨을 때린 거짓 선지자는?(22장)

제4장 / 열왕기상-역대하

열왕기하

서론

저자 : 열왕기상과 같으나 마지막 두 장은 바벨론 포로 이후에 추가된 것으로 미상의 유대인 포로가 기록한 것으로 추정

시기 : 열왕기상과 같으나 마지막 두 장은 주전 550년경

목적 : 이스라엘 왕 아하시야부터 이스라엘의 멸망까지(1~17장)와 유다 왕 히스기야부터 여호야긴의 석방까지의 역사를 알림(18~25장)

주제 : 하나님께서 이스라엘과 유다를 심판하심

요절 : 열왕기하 17:22~23; 23:27

개요 : 1. 북 이스라엘의 멸망까지 분열 왕국의 상황(1~17장)

ㄱ. 엘리사 선지자의 활동(1~8장)

ㄴ. 북 이스라엘 왕 10명과 남 유다 왕 8명의 행적(9~16장)

ㄷ. 북 이스라엘의 멸망(17장)

2. 남 유다의 멸망 과정(18~25장)

ㄱ. 남 유다 왕들의 행적(18~21장)

ㄴ. 요시야 왕의 개혁(22~23장)

ㄷ. 남 유다의 멸망과 여호야긴의 석방(24~25장)

학습문제

36. 병든 아하시야는 사자를 누구에게 보내어 병 낫기를 물어보았습니까?(1장)

37. 엘리사가 엘리야를 떠나지 않고 따라간 세 곳은 어디어디였습니까?(2장)

38. 엘리야가 승천할 때 엘리사는 엘리야가 이스라엘의 무엇이라고 소리쳤습니까?(2장)

39. 엘리사는 누구의 얼굴을 보고 개천을 파라는 여호와의 말씀을 전한다 했습니까?(3장)

40. 고침 받은 나아만 장관은 엘리사에게 노새 두 마리에 실을 무엇을 요구했습니까?(5장)

41. 거짓말을 해서 은과 옷을 얻은 게하시는 어떤 벌을 받았습니까?(5장)

42. 엘리사는 무엇을 물에 던져 도끼를 떠오르게 했습니까?(6장)

43. 유다 왕 여호람이 하나님을 떠나 이스라엘 왕 아합 집과 같이 한 이유는?(8장)

44. 이스라엘 왕 요람과 유다 왕 아하시야가 각각 병거를 타고 예후를 만난 곳은?(9장)

45. 바알 선지자들을 죽였지만 예후는 어떤 죄를 떠나지 않았습니까?(10장)

46. 아달랴를 몰아내고 어린 요아스를 유다의 왕으로 세운 제사장은?(11장)

47. 유다 왕 요아스는 성물과 여호와의 성전과 왕궁에 있는 금을 누구에게 보냈습니까?(12장)

48. 아람 왕이 이스라엘을 학대할 때 여호와께 간구하자 여호와께서 들으시고 구원자를 보내주셨던 왕은?(13장)

49. 엘리사가 이스라엘 왕 요아스에게 쏘라고 한 화살은 아람에 대한 무슨 화살이었습니까?(13장)

50. 여로보암이 이스라엘의 영토를 하맛 어귀에서 아라바 바다까지 회복할 것을 예언한 선지자는?(14장)

51. 여호와께서 치셔서 죽는 날까지 나병환자가 되어 별궁에 거했던 유다 왕은?(15장)

52. 앗수르 왕 불이 치러 오자 은 천 달란트를 주어 돌아가게 한 이스라엘 왕은?(15장)

53. 아람 왕 르신과 이스라엘 왕 베가가 예루살렘을 공격하자 유다 왕 아하스는 누구에게 도움을 청했습니까?(16장)

54. 유다 왕 히스기야는 모세가 만든 놋뱀을 부수고 무엇이라 일컬었습니까?(18장)

55. 이스라엘 왕 호세아 9년에 사마리아를 점령하고 이스라엘 백성을 앗수르로 끌어가 고산 강가에 있는 여러 고을에 정착시킨 왕

은?(18장)

56. 앗수르의 랍사게는 히스기야 왕이 의지하고 있는 애굽을 무엇으로 비유했습니까?(18장)

57. 랍사게의 말을 듣고 히스기야 왕은 신복들을 누구에게 보냈습니까?(19장)

58. 히스기야의 병이 낫는다는 징표로 해 그림자가 뒤로 몇 도 물러났습니까?(20장)

59. 히스기야가 병 들었다는 것을 듣고 바벨론 왕 브로닥발라단은 무엇을 보냈습니까?(20장)

60. 유다 왕 요시야 때 대제사장 힐기야가 성전에서 발견한 것은?(22장)

61. 요시야 왕의 개혁에도 불구하고 여호와께서 진노를 돌이키지 않으신 것은 누구 때문이었습니까?(23장)

62. 바벨론 왕 느부갓네살이 유다 땅에 남긴 자를 누구에게 관할토록 했습니까?(25장)

63. 유다 왕 여호야긴은 사로잡혀간 지 몇 년 만에 석방되었습니까?(25장)

제4장 / 열왕기상–역대하

역대상

서론

저자 : 에스라로 추정

시기 : 역사적 배경은 다윗의 죽음까지이나 기록은 포로 후 곧 주전 450년경

목적 : 사무엘하와 거의 같은 내용이지만 정치적이 아니라 영적 관점에서 다윗 왕과 성전 건축을 조명

주제 : 성전 건축을 통한 신정 왕국 건립

요절 : 역대상 17:11~14; 29:11

개요 : 1. 다윗 왕에 초점을 맞춘 족보(1~9장)

2. 다윗의 통치(10~29장)

ㄱ. 사울의 비극적 죽음(10장)

ㄴ. 다윗의 등극(11~12장)

ㄷ. 언약궤를 회복(13~17장)

ㄹ. 다윗 왕의 군사적 승리(18~20장)

ㅁ. 성전을 위한 제도 준비와 건축 준비(21~27장)

ㅂ. 다윗의 말년(28~29장)

학습문제

64. 이스라엘 자손 중에서 어느 자손의 족보가 가장 먼저 기록되었습니까?(2장)

65. 야베스는 주의 손으로 도우사 환난을 벗어나 무엇이 없게 해달라고 기도했습니까?(4장)

66. 르우벤은 장자였지만 왜 장자의 명분대로 기록되지 못했습니까?(5장)

67. 르우벤, 갓, 므낫세 반 지파가 싸울 때 어떻게 해서 적을 이길 수 있었습니까?(5장)

68. 온 이스라엘이 계보대로 계수되어 어디에 기록되었습니까?(9장)

69. 찬송하던 레위 우두머리들은 골방에 거주하면서 주야로 어떻게 했습니까?(9장)

70. 다윗에게 나오는 베냐민과 유다 자손 중에서 성령이 감싸주신 삼명의 우두머리는?(12장)

71. 다윗이 언약궤를 들여오던 날에 아삽과 그의 형제를 세워 먼저 무엇을 하게 했습니까?(16장)

72. 누가 일어나 다윗을 충동하여 이스라엘을 계수하게 했습니까?(21장)

73. 요압은 이스라엘 계수의 명령을 마땅치 않게 여겨 어느 지파 사람을 계수하지 않았습니까?(21장)

74. 성전 건축을 준비하면서 다윗은 여호와의 성전이 극히 웅장하여 만국에 무엇이 있게 해야 한다고 했습니까?(22장)

75. 신령한 노래를 하는 자들 가운데 왕의 지휘 아래 있던 자들은 누구였습니까?(25장)

76. 성전을 사모한 다윗은 자기 개인 소유의 금과 은 얼마를 성전을 위해 드렸습니까?(29장)

제4장 / 열왕기상-역대하

역대하

서론

저자 : 역대상과 같음

연대 : 역대상과 같음

목적 : 솔로몬의 통치와 남 유다 왕조의 멸망 과정 및 하나님의 언약으로 말미암은 포로 귀환을 보여줌

주제 : 성전을 통해 하나님만을 섬기는 것이 생존의 핵심임을 교훈

요절 : 역대하 7:14

개요 : 1. 솔로몬의 통치(1~9장)

2. 유다 왕들의 통치와 멸망(10~36장)

ㄱ. 왕국의 분열(10~13장)

ㄴ. 경건한 왕들의 개혁(14~35장)

ㄷ. 유다의 멸망(36장)

학습문제

77. 솔로몬이 기브온 산당으로 간 것은 그곳에 무엇이 있어서였습니까?(1장)

78. 솔로몬이 놋으로 만든 바다는 누가 씻기 위한 것이었습니까?(4장)

79. 솔로몬이 지은 성전에 가득했던 구름은 무엇이 가득한 증거였습니까?(5장)

80. 성전 낙성식 때 솔로몬은 한 개인이나 온 백성 이스라엘이 각각 자기 마음에 무엇을 깨닫고 성전을 향해 손을 펴고 기도하면 그 기도를 들어달라고 했습니까?(6장)

81. 성전 낙성식 때 레위 사람들이 가지고 섰던 악기는 다윗이 무엇을 찬송하기 위해 만든 것이었습니까?(7장)

82. 스바 여왕은 솔로몬의 사람들과 신하들이 왜 복되다고 했습니까?(9장)

83. 르호보암은 자기의 무엇이 아버지의 허리보다 굵다고 교만을 떨었습니까?(10장)

84. 여로보암이 금송아지 우상을 만들었지만 이스라엘 모든 지파 중에서 어떤 자들이 예루살렘에 와서 제사를 드리려고 했습니까?(11장)

85. 유다 자손이 이스라엘 자손을 어떻게 이겼습니까?(13장)

86. 하나님께 기도해서 구스 사람 세라의 백만 대군을 물리친 왕은?(14장)

87. 아사 왕은 어떤 선지자의 예언을 듣고 마음을 강하게 하여 개혁을 실행했습니까?(15장)

88. 모압과 암몬 족속과 전쟁하러 나갈 때 여호사밧이 드고아 들에서 유다와 예루살렘 백성에게 여호와와 그의 선지자들을 신뢰하면 어떻게 된다고 외쳤습니까?(20장)

89. 이스라엘의 제사장 여호야다가 바알의 산당을 부수며 죽인 바알의 제사장은?(23장)

90. 웃시야 왕은 하나님의 묵시를 밝히 아는 누가 사는 날 동안 하나님을 찾았습니까?(26장)

91. 하나님의 전 기구들을 부수고 그 전의 문을 닫고 유다 성읍들에 산당을 세웠던 왕은?(28장)

92. 히스기야의 남은 행석과 그의 선힌 일은 어느 선지자의 묵시책에 기록되었습니까?(32장)

93. 바벨론으로 끌려갔다가 하나님께 겸손히 기도하여 다시 예루살렘으로 돌아왔던 왕은?(33장)

94. 선지자 사무엘 이후 가장 성대하게 유월절을 지켰던 왕은?(35장)

95. 요시야의 죽음을 애도하여 예레미야 선지자는 무엇을 지었습니까?(35장)

96. 애굽 왕 느고가 애굽으로 잡아갔던 유다 왕은?(36장)

97. 예레미야 선지자의 말을 듣지 않았던 왕은?(36장)

98. 바벨론에 의해 멸망당한 유다의 토지가 황폐하여 몇 년을 안식했다고 했습니까?(36장)

99. 바사 왕 고레스 원년에 여호와께서 누구의 입으로 하신 말씀을 이루려 하셨습니까?(36장)

100. 바사 왕 고레스는 하나님으로부터 무엇을 건축하라 명령받았습니까?(36장)

제5장 / 에스라–에스더

에스라

서론

저자 : 에스라

연대 : 주전 457~444년 사이

목적 : 포로에서 백성을 돌이키시겠다는 하나님의 언약이 성취되는 역사를 보여줌

주제 : 성전 재건과 율법 교육을 통한 신정정치의 회복

요절 : 에스라 1:3; 7:10

개요 : 1. 제1차 귀환(1~2장)

2. 성전 재건(3~6장)
3. 제2차 귀환(7~8장)
4. 백성의 영적 개혁(9~10장)

학습문제

1. 하나님께서 예레미야 선지자의 입을 통해 하신 말씀을 이루려고 감동시키신 왕은?(1장)

2. 고레스는 이스라엘의 하나님은 어떤 분이라고 선포했습니까?(1장)

3. 고레스 왕은 여호와의 성전 그릇을 누구에게 넘겼습니까?(1장)

4. 계보 중에서 자기 이름을 찾아도 얻지 못한 사람들을 부정하게 여겨 무엇을 행하지 못하게 했습니까?(2장)

5. 이스라엘 자손이 일곱째 달 초하루부터 비로소 번제를 드렸지만 무엇을 미처 놓지 못했다고 했습니까?(3장)

6. 여호와의 성전 공사를 감독 맡은 사람들은?(3장)

7. 나이 많은 족장들은 성전 기초가 놓임을 보고 왜 대성통곡했습니까?(3장)

8. 대적자들이 아닥사스다 왕에게 고발하는 글을 올릴 때 사용한 문자와 방언은?(4장)

9. 대적자들은 성곽이 준공되면 왕의 건너편 무엇이 없어진다고 고발했습니까?(4장)

10. 다리오 왕이 선왕 고레스가 원년에 내린 조서를 찾은 궁성은?(6장)

11. 고레스 왕의 조서에 의하면 성전 건축 비용 전부를 어디서 내리라고 했습니까?(6장)

12. 다리오 왕은 조서를 내려 예루살렘 제사장의 요구대로 어김없이 날마다 주어 하나님께 향기로운 제물을 드려 왕과 왕자들의 생명을 위해 무엇을 하라고 했습니까?(6장)

13. 다리오 왕이 조서를 변조하는 자의 집은 무엇이 되게 하라고 했습니까?(6장)

14. 유다 장로들이 누구의 권면을 따라 성전 건축이 형통했습니까?(6장)

15. 성전 일은 언제 끝났습니까?(6장)

16. 에스라는 대제사장 아론의 몇 대 후손입니까?(7장)

17. 에스라는 무엇에 익숙한 학자였습니까?(7장)

18. 에스라는 무엇을 결심했습니까?(7장)

19. 에스라에게 조서를 내린 바사 왕은 누구였습니까?(7장)

20. 아닥사스다 왕은 하나님의 성전에서 일하는 자들에게 무엇을 받지 말라고 했습니까?(7장)

21. 아닥사스다 왕은 에스라에게 하나님의 명령과 왕의 명령을 준행하지 않는 자는 속히 무엇을 정하여 처벌하라고 했습니까?(7장)

22. 에스라가 무리를 아하와 강가로 모았으나 어느 자손이 한 사람도 없었습니까?(8장)

23. 에스라는 아하와 강가에서 무엇을 선포하며 여호와께 평탄한 길을 구했습니까?(8장)

24. 첫째 달 십이일 아하와 강을 떠나 예루살렘으로 갈 때 여호와의 손이 누구의 손에서 건지셨습니까?(8장)

25. 이스라엘 백성이 이방인들의 아내와 맞이해 아내와 며느리로 삼는데 어떤 사람들이 그 죄에 더욱 으뜸이 되었습니까?(9장)

26. 방백들이 보고하는 일을 듣고 에스라는 속옷과 겉옷을 찢고 무엇을 뜯었습니까?(9장)

27. 에스라는 죄악이 너무 많아 어디에 넘치고 허물이 커서 어디에 미친다고 했습니까?(9장)

28. 에스라는 여호와께서 남겨 두어 피하게 하신 자신들을 무엇과 같게 하셨다고 했습니까?(9장)

29. 에스라는 하나님께서 자신들의 죄악보다 형벌을 어떻게 하셨다고 했습니까?(9장)

30. 하나님께 범죄하여 이방 여자를 아내로 삼았으나 이스라엘에게 아직도 소망이 있다고 에스라에게 말한 사람은?(10장)

31. 이방 여인과의 통혼 문제를 처리하려는 일을 반대했던 두 사람은?(10장)

제5장 / 에스라-에스더

느헤미야

서론

저자 : 느헤미야

연대 : 주전 457~444년 사이

목적 : 느헤미야의 주도 아래 이루어지는 성벽 재건의 역사

주제 : 성벽 재건과 율법 교육을 통한 신정정치의 회복

요절 : 느헤미야 6:15~16

개요 : 1. 성벽 재건의 준비(1~2장)
2. 성벽 재건(3~7장)
3. 백성의 영적 회복(8~13장)
ㄱ. 언약의 갱신(8~10징)
ㄴ. 언약에 대한 순종(11~13장)

학습문제

32. 하나니로부터 유다와 예루살렘의 형편을 들은 느헤미야는 하나님 앞에서 수일 동안 슬피 울며 무엇을 했습니까?(1장)

33. 느헤미야는 형통하여 사람들 앞에서 무엇을 입게 해달라고 기도했습니까?(1장)

34. 아닥사스다 왕이 무엇을 원하느냐고 물을 때 느헤미야는 곧 하늘의 하나님께 무엇을 했습니까?(2장)

35. 느헤미야의 청을 허락하면서 아닥사스다 왕은 무엇을 보내 함께 하도록 했습니까?(2장)

36. 느헤미야와 일행의 도착을 듣고 누가 심히 근심했습니까?(2장)

37. 양문을 건축하고 성별한 사람은?(3장)

38. 예루살렘의 넓은 성벽까지 중수한 하나냐는 무엇을 하던 사람입니까?(3장)

39. 분문을 중수하여 문짝을 달고 자물쇠와 빗장을 갖춘 사람은?(3장)

40. 성 모퉁이 성루에서 양문까지 중수한 사람들은?(3장)

41. 암몬 사람 도비야는 건축하는 돌 성벽을 무엇이 올라가도 곧 무너진다고 비방했습니까?(4장)

42. 대적자들의 방해에도 불구하고 백성들은 어떻게 일을 해 성을 건축하여 연결하고 높이를 절반까지 쌓았습니까?(4장)

43. 흙무더기는 아직도 많고 짐을 나르는 자의 힘이 다 빠져 성을 건축하지 못하리라고 했던 사람들은?(4장)

44. 성을 건축하는 자와 짐을 나르는 자들은 한 손에 무엇을 잡고 한 손으로 일했습니까?(4장)

45. 느헤미야는 무엇 때문에 귀족들과 민장들을 꾸짖고 대회를 열었습니까?(5장)

46. 백성의 부역이 중했기 때문에 느헤미야는 무엇을 요구하지 않았습니까?(5장)

47. 도비야와 산발랏에게 뇌물을 받고 느헤미야에게 거짓 예언을 한 사람은?(6장)

48. 성벽 역사는 며칠 만에 끝났습니까?(6장)

49. 성벽 역사가 마치자 대적자들과 주위 이방인들은 무엇을 깨달았습니까?(6장)

50. 충성스러우며 하나님을 경외함이 무리 중에서 뛰어났던 사람은?(7장)

51. 수문 앞 광장에서 언제부터 언제까지 에스라가 율법을 낭독했습니까?(8장)

52. 에스라가 모든 백성 위에 서서 책을 펼 때 백성들은 어떻게 했습니까?(8장)

53. 에스라가 여호와를 송축할 때 백성들은 어떻게 화답했습니까?(8장)

54. 율법의 말씀을 들은 백성은 다 무엇을 했습니까?(8장)

55. 느헤미야는 우는 백성을 향해 무엇이 백성의 힘이라고 선포했습니까?(8장)

56. 여호수아 때로부터 그날까지 이스라엘 자손이 그같이 행한 일이 없었던 절기는?(8장)

57. 모든 천군이 왜 여호와를 경배한다고 했습니까?(9장)

58. 이스라엘의 불순종은 주의 규례를 범하여 고집하는 무엇을 내민 것이라고 했습니까?(9장)

59. 주의 무엇 때문에 불순종하는 이스라엘을 아주 멸하시지 않고 버리지 않으셨습니까?(9장)

60. 이스라엘의 하나님은 광대하시고 능하시고 두려우시며 무엇을 지키시는 하나님이십니까?(9장)

61. 이스라엘의 모든 일로 말미암아 견고한 언약을 세워 기록하고 방백들과 레위 사람들과 제사장들이 다 무엇을 했습니까?(9장)

62. 이스라엘은 저주로 맹세하면서 일곱째 해마다 빚을 어떻게 한다고 했습니까?(10장)

63. 해마다 토지 소산과 과목의 무엇을 여호와의 전에 드리기로 했습니까?(10장)

64. 예루살렘에 거주한 베레스 자손 사백육 팔 명은 다 무엇이었습니까?(11장)

65. 기도할 때 감사하는 말씀을 인도하는 직분을 맡았던 사람은?(11장)

66. 예루살렘에 거주하는 레위 사람의 감독이 되어 하나님의 전 일을 맡았던 사람은?(11장)

67. 제사장들과 레위 사람들은 누구와 함께 돌아왔습니까?(12장)

68. 스룹바벨과 느헤미야 때 노래하는 자들과 문지기들에게 날마다 무엇을 주었습니까?(12장)

69. 제사장 엘리아십은 누구를 위해 하나님의 전에 방을 만드는 악한 일을 했습니까?(13장)

70. 충직한 자로 인정받은 레위 사람 브다야의 직분은 형제들에게 무슨 일을 하는 것이었습니까?(13장)

71. 느헤미야는 누가 솔로몬으로 하여금 범죄케 했다 했습니까?(13장)

72. 왜 느헤미야는 요야다의 아들 하나를 내어 쫓았습니까?(13장)

제5장 / 에스라-에스더

에스더

서론

저자 : 모르드개와 동시대에 살았던 익명의 유대인으로 추정

연대 : 주전 464~435년 사이

목적 : 유대인들의 승리를 축하하는 부림절의 기원 설명

주제 : 자기 백성을 보호하시는 하나님

요절 : 에스더 4:14

개요 : 1. 에스더가 왕비로 간택 (1~2장)

2. 하만의 유대인 말살 음모(3~4장)

3. 모르드개와 유대인의 승리(5~19장)

학습문제

73. 에스더의 일은 어떤 왕 때 있었던 일입니까?(1장)

74. 왕이 자신의 부함과 위엄의 혁혁함을 보이기 위해 몇 날 잔치했습니까?(1장)

75. 왕후 와스디가 어떻게 해서 왕이 진노하여 마음속이 불 붙는 듯했습니까?(1장)

76. 왕후 와스디가 왕에게뿐 아니라 관리들과 백성에게도 잘못했다고 말한 사람은?(1장)

77. 에스더의 다른 이름은 무엇이었습니까?(2장)

78. 에스더가 자기의 민족과 종족을 말하지 못하도록 시킨 사람은? (2장)

79. 원한을 품고 아하수에로 왕 암살 음모를 꾸몄던 두 사람은?(2장)

80. 하만이 매우 노한 이유는 무엇입니까?(3장)

81. 하만은 모르드개와 유대인을 진멸하기 위해 얼마를 왕의 금고에 드린다고 했습니까?(3장)

82. 하만은 몇 월 며칠에 모든 유대인을 죽이고 그 재산을 빼앗으라고 조서를 보냈습니까?(3장)

83. 남녀를 막론하고 왕이 무엇을 내밀어야 왕에게 나아갈 수 있었습니까?(4장)

84. 에스더는 금식한 후에 규례를 어기고 어떤 결심으로 나아가겠다고 전했습니까?(4장)

85. 왕은 에스더에게 소원을 물으면서 무엇이라도 준다고 했습니까? (5장)

86. 에스더는 소원을 묻는 왕에게 무엇을 요청했습니까?(5장)

87. 하만은 모르드개를 달기 위해 얼마의 높이가 되는 나무를 세웠습니까?(5장)

88. 밤에 잠이 오지 않던 왕은 무엇을 가져와 읽으라고 명령했습니까?(6장)

89. 왕의 노가 언제 그쳤다고 했습니까?(6장)

90. 왕이 하만에게서 거두어 모르드개에게 준 것은?(8장)

91. 왜 본토 백성 중 많은 사람이 유다인이 되었습니까?(8장)

92. 모르드개는 왕궁에서 존귀하여 점점 어떻게 되었습니까?(9장)

93. 모르드개가 하만의 열 아들을 죽였지만 그들의 무엇에는 손을 대지 않았습니까?(9장)

94. 왕의 각 지방에 있는 다른 유다인들은 대적 몇 명을 도륙했습니까?(9장)

95. 모르드개가 유대인이 대적들의 손에서 승리를 얻어 해마다 절기로 삼도록 한 날은?(9장)

96. 그날은 슬픔이 변하여 무엇이 되고 애통이 변하여 어떤 날이 되었습니까?(9장)

97. 그날에 잔치를 베풀고 즐기며 서로 예물을 주며 또 무엇을 하라고 했습니까?(9장)

98. 그 두 날을 부르의 이름을 따라 무엇이라 했습니까?(9장)

99. 모르드개를 높여 존귀하게 한 사적이 어디에 기록되었습니까?(10장)

제6장 / 욥기-시편

욥기

서론

저자 : 확실히 알 수 없음. 유대 랍비들은 모세의 저작으로 주장

연대 : 모세의 저작으로 볼 경우 주전 1446년 이전

목적 : 욥의 고난을 통해 하나님과 연관된 인생의 근본문제를 제시

주제 : 창조주 하나님의 절대 주권

요절 : 욥 37:23~24

개요 : 1. 사탄의 시험(1~2장)

2. 욥의 논쟁(3~31장)
   - ㄱ. 1차 논쟁(3~14장)
   - ㄴ. 2차 논쟁(15~21장)
   - ㄷ. 3차 논쟁(22~26장)
   - ㄹ. 욥의 마지막 자기변호(27~31장)
3. 엘리후의 변론(32~37장)
4. 하나님의 말씀과 결론(38~42장)

학습문제

1. 하나님은 사탄에게 욥이 하나님을 경외하며 무엇에서 떠난 자라고 하셨습니까?(1장)

---

2. 자녀들의 잔치가 끝나면 욥은 그들의 명수대로 무엇을 드렸습니까?(1장)

3. 사탄은 여호와께 사람이 모든 소유물로 무엇을 바꾼다고 대답했습니까?(2장)

4. 온전함을 굳게 지키는 욥을 향해 욥의 아내는 어떻게 말했습니까?(2장)

5. 엘리바스는 욥을 향해 악을 밭 갈고 무엇을 뿌린 자가 그대로 거둔다고 했습니까?(4장)

6. 엘리바스는 사람은 무엇을 위해 났고 불꽃이 위로 날아가는 것 같다고 했습니까?(5장)

7. 욥은 무엇이 자기에게 박혀 자기의 영이 그 독을 마셨다고 했습니까?(6장)

8. 욥은 이 땅에 사는 인생들에게 무엇이 있지 아니하겠느냐고 했습니까?(7장)

9. 네 시작은 미약하였으나 네 나중은 심히 창대하리라고 말한 욥의 친구는?(8장)

10. 욥은 하나님께서 무슨 까닭으로 자기와 무엇을 하는지 알게 해달라고 간구했습니까?(10장)

11. 소발은 욥에게 하나님께서 너의 무엇을 잊게 해주셨음을 알라고 했습니까?(11장)

12. 욥은 친구들에게 거짓말을 지어내는 자요 다 쓸모없는 무엇이라고 했습니까?(13장)

13. 두 번째 논쟁에서 엘리바스는 경건하지 못한 무리는 자식을 낳지 못할 것이며 뇌물을 받는 자의 장막은 어떻게 될 것이라고 했습니까?(15장)

14. 욥은 자기 손에 무엇이 없고 자기 기도는 어떻다고 하였습니까?(16장)

15. 하나님께서 욥을 백성의 무엇이 되게 하셔서 그들이 얼굴에 침을 뱉는다고 했습니까?(17장)

16. 욥은 우리가 흙 속에서 쉴 때는 희망이 어떤 문으로 내려갈 뿐이라고 했습니까?(17장)

17. 두 번째 논쟁에서 친구들을 짐승으로 여기며 부정하게 본다고 울분을 터뜨린 사람은?(18장)

18. 두 번째 논쟁에서 소발은 악인은 그의 음식이 창자 속에서 변하며 뱃속에서 무엇이 된다고 했습니까?(20장)

19. 세 번째 논쟁에서 욥은 그가 나를 단련하신 후에 내가 무엇같이 나오리라고 했습니까?(23장)

20. 세 번째 논쟁에서 빌닷은 하나님은 무엇을 가지셨다고 했습니까?(25장)

21. 세 번째 논쟁에서 욥은 포악자의 자손은 번성해도 무엇을 위함이라고 했습니까?(27장)

22. 욥은 주를 경외함이 지혜요 악을 떠남이 무엇이라고 했습니까?(28장)

23. 엘리후는 왜 욥에게 화를 냈습니까?(32장)

24. 엘리후는 무엇이 사람에게 깨달음을 준다고 했습니까?(32장)

25. 엘리후는 일천 천사 가운데 하나가 사람의 무엇으로 함께하면서 그의 정당함을 보이면 하나님이 그 사람을 불쌍히 여기사 건지신다고 했습니까?(33장)

26. 엘리후는 왜 욥이 끝까지 시험받기를 원한다고 했습니까?(34장)

27. 엘리후의 변론이 끝난 후 하나님께서 어디에서 욥에게 말씀하셨습니까?(38장)

28. 하나님께서는 욥에게 누구처럼 허리를 묶고 묻는 말에 대답하라 하셨습니까?(38장)

29. 환난 때와 교전과 전쟁의 날을 위해 하나님께서 남겨두신 것이 무엇입니까?(38장)

30. 하나님의 말씀을 듣고 욥은 티끌과 재 가운데서 무엇을 한다고 했습니까?(42장)

시편

서론

저자 : 150편 중 100편만이 저자의 이름이 밝혀져 있음. 다윗(73편), 아삽(12편), 고라 자손(10편), 솔로몬(2편), 모세, 헤만, 에단 각 1편

연대 : 모세 때부터 바벨론 포로 귀환까지(주전 1440~580년경)

목적 : 다양한 상황에서 하나님께 찬양하고 기도하는 성도의 신앙을 보여줌

주제 : 하나님과 성도의 교제

요절 : 시편 19:14

개요 : 1. 제1권(1~41편) : 다윗의 기도가 대부분

2. 제2권(42~72편) : 의인의 고난과 구원에 관한 내용이 대부분

3. 제3권(73~89편) : 하나님의 백성에 대한 역사(歷史)와 축복이 주 내용

4. 제4권(90~106편) : 하나님의 통치

5. 제5권(107~150편) : 하나님을 찬양

학습문제

31. 복 있는 사람은 무엇을 즐거워하며 주야로 묵상합니까?(1편)

32. 군왕들과 세상의 재판관들을 향해 누구에게 입맞추라고 하였습니까?(2편)

33. 다윗은 무엇을 힘입어 주의 집에 들어간다고 했습니까?(5편)

34. 주의 대적으로 말미암아 누구의 입으로 권능을 세우신다고 했습니까?(8편)

35. 사람을 하나님보다 조금 못하게 하시고 무엇으로 관을 씌우셨다고 했습니까?(8편)

36. 여호와께서는 무엇을 끊는다 하셨습니까?(12편)

37. 땅에 있는 누가 존귀한 자들이라 했습니까?(16편)

38. 다윗이 언제 여호와께 아뢰며 하나님께 부르짖었다 했습니까?(18편)

39. 다윗은 주를 의뢰하고 어디를 향해 달린다고 했습니까?(18편)

40. 여호와의 율법은 완전하여 무엇을 소성시킵니까?(19편)

41. 다윗은 주님 앞에 자신의 무엇이 열납되기를 원한다고 했습니까?(19편)

42. 어떤 자들이 수치를 당한다고 했습니까?(25편)

43. 주께 피하는 자들을 주의 은밀한 곳에 숨기사 무엇에서 벗어나게 하십니까?(31편)

44. 모든 경건한 자는 주를 만날 기회를 얻어서 주께 무엇을 하라 했습니까?(32편)

45. 여호와는 어떤 자를 가까이하시고 어떤 자를 구원하십니까?(34편)

46. 무엇이 악인의 풍부함보다 낫다 하였습니까?(37편)

47. 사람은 그가 든든히 서 있는 때에도 진실로 모두가 무엇뿐이라고 했습니까?(39편)

48. 주께서 우리를 무엇처럼 그들에게 넘겨주었다고 했습니까?(44편)

49. 존귀하나 깨닫지 못하는 사람은 무엇과 같다고 했습니까?(49편)

50. 누가 하나님을 영화롭게 한다고 하셨습니까?(50편)

51. 하나님께서 구하시는 제사는 무엇입니까?(51편)

52. 다윗이 근심하여 탄식하리니 여호와께서 언제 내 소리를 듣는다고 했습니까?(55편)

53. 악인은 언제부터 곁길로 나아가 거짓을 말한다고 했습니까?(57편)

54. 주께서 주의 백성에게 비틀거리게 하는 무엇을 마시게 했습니까?(60편)

55. 사람이 무엇이며 인생도 무엇이기에 다윗은 슬프다 했습니까?(62편)

56. 무엇으로 한 해를 관 씌우시니 주의 길에 기름방울이 떨어진다 했습니까?(65편)

57. 우리의 구원이신 하나님은 날마다 무엇을 지시는 주이십니까?(68편)

58. 그들이 무엇을 음식물로 주고 목마를 때 무엇을 마시게 했습니까?(69편)

59. 나의 하나님이여 내가 비파로 주를 찬양하며 또 무엇을 찬양한다고 했습니까?(71편)

60. 무엇의 머리를 부수시고 그것을 사막에 사는 자에게 음식물로 주셨습니까?(74편)

61. 무기를 갖추며 활을 가졌으나 전쟁의 날에 물러난 자손은?(78편)

62. 하나님께서는 이스라엘이 육체이며 가고 다시 돌아오지 못하는 무엇임을 기억하셨습니까?(78편)

63. 이스라엘의 청년은 불에 살라지고 처녀들은 무엇을 들을 수 없었습니까?(78편)

64. 주께 힘을 얻고 그 마음에 무엇이 있는 자가 복이 있습니까?(84편)

65. 주께서 누구를 죽임 당한 자같이 깨뜨리셨습니까?(89편)

66. 무엇이 주의 보좌의 기초입니까?(89편)

67. 우리에게 무엇을 가르치사 지혜로운 마음을 얻게 해달라고 했습니까?(90편)

68. 의인은 어떤 나무같이 번성하며 레바논의 백향목같이 성장합니까?(92편)

69. 여호와의 이름에 합당한 영광을 돌리고 무엇을 들고 그의 궁정에 들어가라 했습니까?(96편)

70. 여호와께서 누구의 기도를 돌아보시며 그 기도를 멸시하지 않으셨습니까?(102편)

71. 여호와께서 자기를 경외하는 자를 어떻게 긍휼히 여기십니까?(103편)

72. 여호와께서는 무엇을 자기 사신과 사역자로 삼으십니까?(104편)

73. 이스라엘이 무엇과 연합해 죽은 자에게 제사한 음식을 먹었습니까?(106편)

74. 여호와께서 이스라엘을 여러 번 건지시나 그들은 어떻게 거역했습니까?(106편)

75. 여호와께서 그 주민의 악으로 말미암아 옥토가 변해 무엇이 되게 하십니까?(107편)

76. 다윗은 "비파야 수금아 깰지어다 내가 무엇을 깨우리로다"라고 했습니까?(108편)

77. 다윗은 어떤 자가 그의 소유를 다 빼앗기게 하시라고 기도했습니까?(109편)

78. 여호와께서 누구의 서열을 따라 영원한 제사장이라 하셨습니까?(110편)

79. 다윗은 여호와의 모든 백성 앞에서 무엇을 여호와께 갚는다고 했습니까?(116편)

80. 다윗은 죽지 않고 살아서 무엇을 선포하리라고 했습니까?(118편)

81. 내 소유는 이것이니 곧 무엇이라고 했습니까?(119편)

82. 무엇을 늘 읊조리므로 나의 명철함이 나의 모든 스승들보다 낫다고 했습니까?(119편)

83. 그러므로 내가 주의 계명들을 무엇보다 더 사랑한다고 했습니까?(119편)

84. 사람이 많은 탈취물을 얻은 것처럼 나는 무엇을 즐거워한다고 했습니까?(119편)

85. 여호와께서 네 오른 에서 네 무엇이 되신다고 했습니까?(121편)

86. 여호와께서 누구를 돌려보내실 때 우리가 꿈꾸는 것 같았다고 했습니까?(126편)

87. 여호와께서 그의 사랑하시는 자에게 무엇을 주십니까?(127편)

88. 네 식탁에 둘러앉은 자식들은 무엇과 같으리라고 했습니까?(128편)

89. 누가 아침을 기다림보다 내 영혼이 주를 더 기다린다고 했습니까?(130편)

90. "여호와여 일어나사 무엇과 함께 평안한 곳으로 들어가소서"라고 했습니까?(132편)

91. 누구를 위하여 주의 기름 부음 받은 자의 얼굴을 외면하지 마시라고 했습니까?(132편)

92. 모든 육체에게 무엇을 주신 이에게 감사하라고 했습니까?(136편)

93. 우리가 바벨론의 여러 강변에 앉아서 무엇을 기억하며 울었다고 했습니까?(137편)

94. 나를 지으심이 심히 어떠해서 주께 감사한다고 했습니까?(139편)

95. 구원의 능력이신 여호와께서 언제 다윗의 머리를 가려 주셨습니까?(140편)

96. 나의 기도가 주의 앞에 무엇과 같이 되게 해달라고 했습니까?(141편)

97. 주의 영은 선하시니 나를 어디로 인도해 달라고 했습니까?(143편)

98. 귀인들을 의지하지 말며 무엇이 없는 인생도 의지하지 말라고 했습니까?(146편)

99. 여호와께서 들짐승과 무엇에게 먹을 것을 주신다고 했습니까?(147편)

100. 호흡이 있는 자마다 여호와를 어떻게 해야 합니까?(150편)

제7장 / 잠언-아가

잠언

서론

저자 : 솔로몬

연대 : 주전 950~700년경

목적 : 하나님께서 원하시는 삶을 깨우치고 실천하도록 하기 위함

주제 : 하나님을 경외하는 것이 지식과 지혜의 근본

요절 : 잠언 1:9; 9:10

개요 : 1. 잠언의 목적과 아버지의 권면들(1~9장)

2. 솔로몬 잠언의 첫째 모음집(10~24장)

3. 솔로몬 잠언의 둘째 모음집(25~29장)

4. 아굴의 잠언(30장)

5. 르무엘 왕 모친의 잠언(31장)

학습문제

1. 솔로몬의 잠언은 젊은 자에게 무엇을 주기 위한 것입니까?(1장)

2. 무엇이 지식의 근본입니까?(1장)

3. 어리석은 자의 무엇이 자기를 죽이며 미련한 자의 무엇이 자기를 멸망시킵니까?(1장)

4. 누구에게로 가는 자는 돌아오지 못하며 생명길을 얻지 못합니까?(2장)

5. 무엇을 떠나지 말고 목에 매며 마음 판에 새기라 했습니까?(3장)

6. 스스로 어떻게 여기지 말고 여호와를 경외하며 악에서 떠나라 하였습니까?(3장)

7. 내 아들아 무엇을 경히 여기지 말고 그 꾸지람을 싫어하지 말라 하였습니까?(3장)

8. 지혜는 무엇보다 귀하니 네가 사모하는 모든 것으로도 비교할 수 없다 하였습니까?(3장)

9. 네 손이 무엇을 베풀 힘이 있거든 마땅히 받을 자에게 베풀기를 아끼지 말라고 했습니까?(3장)

10. 모든 지킬 만한 것 중에 더욱 무엇을 지키라 생명의 근원이 이에서 남이라 했습니까?(4장)

11. 젊어서 취한 아내는 사랑스러운 무엇 같고 아름다운 무엇 같다고 했습니까?(5장)

12. 게으른 자여 무엇에게 가서 그 하는 것을 보고 지혜를 배우라 하였습니까?(6장)

13. 게으른 자에게는 빈궁이 무엇같이 이르고 곤핍이 무엇같이 온다 했습니까?(6장)

14. 여호와께서 싫어하시는 예닐곱 가지 중 마지막은 무엇입니까?(6장)

15. 음녀에게 간 자는 필경 화살이 그의 무엇을 뚫는다 했습니까?(7장)

16. 지혜는 명철로 무엇을 삼으며 지식과 근신을 찾아 얻는다고 했습니까?(8장)

17. 지혜로 말미암아 재상과 존귀한 자 곧 어떤 자들이 다스린다고 했습니까?(8장)

18. 여호와께서 창조하실 때 지혜가 그 곁에 있어서 무엇이 되어 날마다 그의 기뻐하신 바가 되었습니까?(8장)

19. 거만한 자를 징계하는 자는 도리어 무엇을 받습니까?(9장)

20. 여호와를 경외하는 것이 지혜의 근본이요 무엇이 명철입니까?(9장)

21. 도둑질한 무엇이 달고 몰래 먹는 무엇이 맛이 있다 한다고 했습니까?(9장)

22. 미련한 아들은 어미의 무엇입니까?(10장)

23. 의인을 기념할 때는 칭찬하지만 악인의 이름은 어떻게 됩니까?(10장)

24. 미움은 다툼을 일으켜도 무엇이 모든 허물을 가립니까?(10장)

25. 말이 많으면 무엇을 면하기 어렵습니까?(10장)

26. 여호와께서 속이는 저울은 미워하시지만 무엇은 기뻐하십니까?(11장)

27. 두루 다니며 한담하는 자는 무엇을 누설합니까?(11장)

28. 흩어 구제해도 더욱 부하게 되는 일이 있지만 과도히 아껴도 어떻게 됩니까?(11장)

29. 사람은 무엇으로 말미암아 복록에 족하게 됩니까?(12장)

30. 칼로 찌름같이 함부로 말하는 자가 있지만 지혜로운 자의 혀는 무엇과 같습니까?(12장)

31. 사람의 재물이 자기 생명의 속전일 수 있으나 가난한 자는 무엇을 받을 일이 없습니까?(13장)

32. 소망이 더디 이루어지면 마음이 상하지만 소원이 이루어지는 것은 무엇입니까?(13장)

33. 선인의 산업은 자자손손에게 끼치지만 죄인의 재물은 누구를 위해 쌓입니까?(13장)

34. 슬기로운 자의 지혜는 무엇을 아는 것입니까?(14장)

35. 백성이 많은 것은 왕의 영광이며 적은 것은 무엇입니까?(14장)

36. 스올과 아바돈도 여호와 앞에 드러나는데 하물며 무엇도 드러나겠습니까?(15장)

37. 무엇이 적어도 여호와를 경외하는 것이 크게 부하고 번뇌하는 것보다 낫습니까?(15장)

38. 채소를 먹으며 서로 사랑하는 것이 무엇을 먹으며 서로 미워하는 것보다 낫습니까?(15장)

39. 어떤 자가 용사보다 낫고 어떤 자가 성을 빼앗는 자보다 낫습니까?(16장)

40. 허물을 거듭 말하는 자는 누구를 이간하는 자입니까?(17장)

41. 차라리 무엇을 만날지언정 미련한 일을 행하는 미련한 자는 만나지 말라 했습니까?(17장)

42. 자기의 일을 게을리 하는 자는 어떤 자의 형제입니까?(18장)

43. 사람의 무엇이 그의 병을 능히 이깁니까?(18장)

44. 사람이 어떠해서 자기 길을 굽게 하고 마음으로 여호와를 원망합니까?(19장)

45. 사람의 마음에는 많은 계획이 있어도 오직 무엇만이 완전히 섭니까?(19장)

46. 무엇과 무엇이 거만하게 하고 떠들게 하는 것입니까?(20장)

47. 비록 아이라도 무엇으로 자기 품행의 청결함과 정직한 여부를 나타냅니까?(20장)

48. 사람의 영혼은 무엇이기에 사람의 깊은 속을 살핍니까?(20장)

49. 속이는 말로 재물을 모으는 것은 무엇을 구하는 것이며 불려다니는 무엇입니까?(21장)

50. 겸손과 여호와를 경외함의 보상 세 가지는 무엇입니까?(22장)

51. 어떤 사람이 왕 앞에 서고 천한 자 앞에 서지 않습니까?(22장)

52. 너는 전략으로 싸우라 승리는 무엇의 많음에 있다고 했습니까?(24장)

53. 두 번째 잠언 모음은 누가 편집했습니까?(25장)

54. 충성된 사자는 그를 보낸 자에게 추수하는 날에 무엇과 같다고 했습니까?(25장)

55. 꿀을 많이 먹는 것이 좋지 못하고 무엇을 구하는 것이 헛됩니까? (25장)

56. 미련한 자의 입의 잠언은 술 취한 자가 손에 든 무엇과 같습니까?(26장)

57. 무엇이 숨은 사랑보다 낫습니까?(27장)

58. 철이 철을 날카롭게 하는 것처럼 사람은 무엇을 빛나게 합니까? (27장)

59. 악인은 쫓아오는 자가 없어도 도망하지만 의인은 무엇같이 담대합니까?(28장)

60. 사람이 귀를 돌려 율법을 듣지 않으면 그의 무엇도 가증합니까? (28장)

61. 가난한 자와 포학한 자가 섞여 살지만 여호와께서는 그 모두의 눈에 무엇을 주십니까?(29장)

62. 무엇이 없으면 백성이 방자하게 행합니까?(29장)

63. 하나님의 말씀은 다 순전하며 하나님은 그를 의지하는 자의 무엇이 되십니까?(30장)

64. 현숙한 여인의 값은 무엇보다 더 귀합니까?(31장)

65. 고운 것도 거짓되고 아름다운 것도 헛되지만 칭찬을 받는 여자는 어떤 여자입니까?(31장)

제7장 / 잠언-아가

전도서

서론

저자 : 솔로몬

연대 : 주전 930년경

목적 : 인생의 헛 과 진정한 행복을 가르침

주제 : 하나님을 경외함

요절 : 전도서 12:13~14

개요 : 1. 모든 것이 헛되다는 명제(1:1~11)

2. 삶의 헛됨에 대한 논증(1:12~6장)

3. 헛 을 극복하는 교훈들(7~12장)

ㄱ. 악한 세상에서의 처신(7~9장)

ㄴ. 삶의 불확실성에 대한 처신(10~12:8)

ㄷ. 하나님을 경외하라는 결론(12:9~14)

학습문제

66. 전도자는 초두에서 헛됨을 몇 번 강조했습니까?(1장)

67. 만물이 어떠한 것을 사람이 다 말로 할 수 없습니까?(1장)

68. 솔로몬이 지혜를 써서 하늘 아래서 행하는 모든 일을 연구하며 살핀즉 이는 하나님이 인생들에게 주사 무엇을 하게 하신 것입니까?(1장)

69. 전도자는 육신을 즐겁게 하기 위하여 무엇을 크게 했다고 했습니까?(2장)

70. 그 후에 생각해 본즉 내 손으로 한 모든 일과 수고한 모든 것이 다 헛되어 무엇을 잡는 것이라고 했습니까?(2장)

71. 지혜자와 우매자의 무엇이 일반이라고 탄식했습니까?(2장)

72. 하나님이 모든 것을 지으시되 사람에게는 어떤 마음을 주셨습니까?(3장)

73. 왜 하나님께서 인생의 일에 대하여 시험하십니까?(3장)

74. 왜 사람이 자기 일에 즐거워하는 것보다 더 나은 것이 없음을 보았습니까?(3장)

75. 사람이 모든 수고와 재주로 말미암아 이웃에게 무엇을 받아 헛되다 했습니까?(4장)

76. 두 사람이 한 사람보다 나음은 그들이 수고함으로 무엇을 얻기 때문입니까?(4장)

77. 너는 하나님 앞에서 함부로 무엇을 열지 말라고 했습니까?(5장)

78. 사람의 수고는 다 그 입을 위함이나 무엇이 차지 않습니까?(6장)

79. 좋은 이름이 무엇보다 낫습니까?(7장)

80. 슬픔이 웃음보다 나음은 얼굴에 근심하는 것이 어떠해서 그렇습니까?(7장)

81. 일의 끝이 시작보다 낫고 어떤 마음이 교만한 마음보다 낫습니까?(7장)

82. 하나님께서 형통한 날과 곤고한 날을 병행하게 하사 사람이 그의 무엇을 능히 헤아려 알지 못하게 하셨습니까?(7장)

83. 하나님은 사람을 정직하게 지으셨으나 사람은 무엇을 많이 냈습니까?(7장)

84. 왜 인생들이 악한 일에 무엇이 속히 실행되지 않아 마음이 담대하다고 했습니까?(8장)

85. 우리가 장차 들어갈 스올에는 어떤 것들이 없다고 했습니까?(9장)

86. 죽은 파리들이 향기름을 악취가 나게 하는 것처럼 무엇이 지혜와 존귀를 난처하게 만듭니까?(10장)

87. 무딘 철 연장을 갈지 않으면 힘이 더 들지만 오직 지혜는 무엇에 유익하다고 했습니까?(10장)

88. 무엇을 살피는 자는 파종하지 않을 것이며 무엇만 바라보는 자는 거두지 못합니까?(11장)

89. 회중의 스승들의 말씀은 무엇과 같습니까?(12장)

90. 일의 결국을 다 들었으니 무엇이 사람의 본분이라 했습니까?(12장)

제7장 / 잠언-아가

아가

서론

저자 : 솔로몬
연대 : 주전 970년경
목적 : 솔로몬과 술람미 여인과의 사랑을 노래함
주제 : 그리스도와 교회의 사랑의 관계
요절 : 아가 8:7
개요 : 1. 솔로몬과 술람미 여인의 사랑의 시작(1~2장)
2. 사랑의 성취(3~4장)
3. 사랑의 갈등(5~7장)
4. 사랑의 완성(8장)

학습문제

91. 내 사랑을 바로의 무엇에 비유했습니까?(1장)

---

92. 내 사랑이 원하기 전에는 무엇을 하지 말라고 예루살렘 딸들에게 부탁했습니까?(2장)

---

93. 우리를 위하여 포도원을 허는 무엇을 잡으라 하였습니까?(2장)

---

94. 솔로몬 왕이 레바논 나무로 자기의 무엇을 만들었습니까?(3장)

---

95. 북풍아 일어나라 남풍아 오라 나의 동산에 불어서 무엇을 날리라 하고 노래했습니까?(4장)

96. 일어나 내 사랑하는 자를 위해 문을 열 때 무엇이 내 손가락에서 문빗장에 떨어진다고 했습니까?(5장)

97. 내 사랑하는 자의 눈은 시냇가의 무엇과 같은데 우유로 씻은 듯하다고 했습니까?(5장)

98. 내 사랑아 너는 무엇과 같이 당당하다고 했습니까?(6장)

99. 너는 나를 무엇같이 마음에 품고 팔에 두라고 했습니까?(8장)

100. 무엇이 죽음같이 강하고 무엇이 스올같이 잔인하다고 했습니까?(8장)

이사야

서론

저자 : 이사야

연대 : 주전 740~700년경

목적 : 유다와 그 주변국들, 궁극적으로는 온 세상에 대한 하나님의 심판 선포

주제 : 메시야를 통한 구원

요절 : 이사야 9:6~7

개요 : 1. 심판의 예언들(1~35장)

ㄱ. 유다를 향한 예언(1~12장)

ㄴ. 이방에 대한 예언(13~23장)

ㄷ 주의 날에 대한 예언(24~27장)

ㄹ. 심판을 수반한 축복의 예언(28~35장)

2. 히스기야 왕에 대한 역사적 삽입(36~39장)

3. 위로의 예언들(40~66장)

ㄱ. 이스라엘의 구원(40~48장)

ㄴ. 이스라엘의 구원자(49~57장)

ㄷ. 이스라엘의 영광스러운 미래(58~66장).

학습문제

1. 성회와 아울러 무엇을 행하는 것을 여호와께서 견디지 못한다고 하셨습니까?(1장)

2. 여호와께서 왜 이스라엘이 손을 펼 때 눈을 가리고 많이 기도해도 듣지 않으셨습니까?(1장)

3. 주께서 야곱 족속을 버리심은 그들에게 무엇이 가득해서였습니까?(2장)

4. 누가 포도원을 삼킨 자며 가난한 자에게서 탈취한 물건이 그들에게 있다 하셨습니까?(3장)

5. 여호와께서 어떤 포도나무를 심었지만 들포도를 맺었다고 하셨습니까?(5장)

6. 만군의 여호와의 포도원은 누구이며 그가 기뻐하시는 나무는 무엇입니까?(5장)

7. 그들이 연회에는 수금과 비파와 소고와 피리와 포도주를 갖추었어도 무엇에는 관심을 두지 않는다고 하셨습니까?(5장)

8. 무엇이 이 땅의 그루터기라 하셨습니까?(6장)

9. 육십오 년 내에 에브라임의 패망을 말씀하시며 너희가 어떻게 하지 않으면 굳게 서지 못한다 하셨습니까?(7장)

10. 여호와께서 큰 서판 위에 통용문자로 무엇을 쓰라고 하셨습니까?(8장)

11. 여호와께서 끊으실 이스라엘의 머리와 꼬리 중에서 꼬리는 누구를 의미합니까?(9장)

12. 여호와께서 앗수르는 내 무엇이며 그 손의 몽둥이는 내 분노라고 하셨습니까?(10장)

13. 이스라엘 백성이 바다의 모래 같을지라도 누구만 돌아온다고 하셨습니까?(10장)

14. 물이 바다를 덮음같이 무엇이 세상에 충만할 것이라고 하셨습니까?(11장)

15. 여호와께서 어느 사람을 충동하여 바벨론을 치게 하리라고 하셨습니까?(13장)

16. 갈대아 사람의 자랑하는 노리개가 된 바벨론이 어디같이 된다고 하셨습니까?(13장)

17. 아침의 아들 계명성이 가장 높은 구름에 올라 누구와 같아지리라고 했습니까?(14장)

18. 모압 알이 얼마 동안에 망한다고 말씀하셨습니까?(15장)

19. 소안의 방백들과 놉의 방백들은 애굽 종족들의 무엇인데 애굽을 그릇 가게 했습니까?(19장)

20. 그날에 이스라엘이 어느 나라와 더불어 세계 중에 복이 되리라고 하셨습니까?(19장)

21. 이사야가 몇 년 동안 벗은 몸과 벗은 발로 다니며 징조와 예표가 되었습니까?(20장)

22. 여호와께서 국고를 맡고 왕궁 맡은 자를 그의 관직에서 쫓아내며 지위에서 낮추리라고 하신 사람은?(22장)

23. 주께서 폭양을 구름으로 가림같이 누구의 노래를 낮추시리라고 하셨습니까?(25장)

24. 여호와께서 시온 산에서 만민을 위하여 기름진 것과 오래 저장하였던 포도주로 무엇을 베푸시리라고 하셨습니까?(25장)

25. 또 그 산에서 무엇을 영원히 멸하시고 모든 얼굴에서 눈물을 씻기신다고 하셨습니까?(25장)

26. 주께서 왜 심지가 견고한 자를 평강하고 평강하도록 지키십니까?(26장)

27. 주의 심판 때에 세계의 거민이 무엇을 배운다고 하셨습니까?(26장)

28. 그날에 여호와께서 리워야단을 멸하시며 바다에 있는 무엇을 죽이십니까?(27장)

29. 여호와께서 한 돌을 시온에 두어 기초를 삼으셨는데 그것을 믿는 이는 어떻게 된다고 했습니까?(28장)

30. 대저 여호와께서 너희에게 무엇을 부어 주사 너희의 눈을 감기셨다고 하셨습니까?(29장)

31. 여호와께서 왜 애굽을 가만히 앉은 라합이라고 하셨습니까?(30장)

32. 여호와께서 말씀하시기를 어떻게 해야 힘을 얻을 것이라고 하셨습니까?(30장)

33. 거기에 대로가 있어 거룩한 길이라 일컫는 바 되리니 오직 어떤 자만 그리로 행할 것이라고 하셨습니까?(35장)

34. 무엇이 남은 자가 예루살렘에서 나오며 피하는 자가 시온 산에서 나오는 것을 이루게 합니까?(37장)

35. 병이 나은 후의 글에서 히스기야 왕은 주께서 자기에게 큰 고통을 더하신 것은 무엇을 주려 하심이라고 고백했습니까?(38장)

36. 풀은 마르고 꽃은 시드나 무엇은 영원히 서리라고 했습니까?(40장)

37. 여호와에게는 열방이 무엇 같고 저울의 작은 티끌 같다고 했습니까?(40장)

38. 새 힘을 얻는 자는 누구입니까?(40장)

39. 나는 여호와이니 이는 내 이름이라 나는 내 영광을 다른 자에게, 내 무엇을 우상에게 주지 아니하리라고 하셨습니까?(42장)

40. 나 곧 나는 여호와라 나 외에 누가 없느니라고 하셨습니까?(43장)

41. 여호와께서 이스라엘의 허물을 무엇같이 없이하셨습니까?(44장)

42. 여호와께서 누구의 오른손을 붙들고 열국을 항복하게 한다고 하셨습니까?(45장)

43. 구원자 이스라엘의 하나님은 진실로 어떤 분이십니까?(45장)

44. 여호와께서 이스라엘 집의 남은 모든 자를 언제까지 품을 것이라고 하셨습니까?(46장)

45. 여호와께서 바벨론을 향해 젊어서부터 힘쓰던 무엇과 많은 무엇을 가지고 맞서 보라고 하셨습니까?(47장)

46. 야곱의 집은 여호와의 이름으로 맹세하며 이스라엘의 하나님을 기념하면서도 무엇이 없다고 하셨습니까?(48장)

47. 보라 내가 너를 연단하였으나 은처럼 하지 아니하고 너를 어디에서 택하였다 했습니까?(48장)

48. 그가 이르시되 네가 나의 종이 되어 야곱의 지파들을 일으키며 이스라엘 중에 보전된 자를 돌아오게 할 것은 어떤 일이라고 하셨습

니까?(49장)

49. 주 여호와께서 무엇을 내게 주사 나로 곤고한 자를 말로 도와줄 줄을 알게 하셨습니까?(50장)

50. 여호와께서 악인에게는 무엇이 없다고 말씀하셨습니까?(57장)

51. 너는 어떠한 자이기에 죽을 사람을 두려워하며 무엇같이 될 사람의 아들을 두려워하느냐고 하셨습니까?(51장)

52. 그는 무엇을 받아 사람들에게 버림을 받았습니까?(53장)

53. 그가 징계를 받으므로 우리는 무엇을 누리게 되었습니까?(53장)

54. 그러나 그가 많은 사람의 죄를 담당하며 누구를 위하여 기도하셨다고 했습니까?(53장)

55. 여호와께서 무엇을 지키는 이방인마다 나의 성산으로 인도하신다고 하셨습니까?(56장)

56. 여호와께서 기뻐하시는 금식은 주린 자에게 무엇을 나누어주는 것입니까?(58장)

57. 여호와께서 사람이 없음을 보시며 누가 없음을 이상히 여기셨습니까?(59장)

58. 여호와께서 내게 기름을 부으사 가난한 자에게 아름다운 소식을 전하게 하려 하시기 위하여 내게 무엇을 내려주셨습니까?(61장)

59. 다시는 너를 버림받은 자라 부르지 아니하며 다시는 네 땅을 황무지라 부르지 않고 너를 무엇이라 네 땅을 무엇이라 한다 하셨습니까?(62장)

60. 아브라함은 우리를 모르고 이스라엘은 우리를 인정하지 않아도 여호와는 우리의 무엇이라고 했습니까?(63장)

61. 내가 종일 손을 펴서 무엇을 따라 옳지 않은 길을 걸어가는 패역한 백성들을 불렀다고 하셨습니까?(65장)

62. 보라 내가 무엇을 창조하나니 이전 것은 기억되거나 마음에 생각나지 아니할 것이라 하셨습니까?(65장)

63. 내가 지을 새 하늘과 새 땅이 내 앞에 항상 있는 것같이 너희의 누구와 무엇이 항상 있으리라고 하셨습니까?(66장)

제8장 / 이사야-예레미야애가

예레미야

서론

저자 : 예레미야

연대 : 주전 620~586년경

목적 : 유다와 예루살렘에 대한 하나님의 심판을 외침

주제 : 남은 자를 구원하시는 하나님

요절 : 예레미야 7:23~24

개요 : 1. 예레미야의 소명(1장)

2. 유다를 향한 예언(2~45장)

ㄱ. 유다에 대한 정죄(2~25장)

ㄴ. 예레미야의 고통(26~29장)

ㄷ. 예루살렘의 미래 회복(30~33장)

ㄹ. 예루살렘에 임박한 멸망(34~45장)

3. 이방인들을 향한 예언(46~51장)

4. 예루살렘의 실제 멸망과 역사적 결말(52장)

학습문제

64. 여호와께서 북방에서 일어날 재앙의 징표로 예레미야에게 보이신 것은?(1장)

65. 하나님 여호와를 버리고 경외함이 없는 것은 악과 무엇이라고 하셨습니까?(2장)

66. 너희가 이 땅에서 번성하여 많아질 때에는 사람들이 무엇을 다시는 말하지 아니할 것이요 생각하지 아니할 것이라 했습니까?(3장)

67. 자기 심령이 무엇을 들어서 예레미야가 슬프고 아프다고 했습니까?(4장)

68. 여호와께서 예루살렘 거리에서 정의를 행하며 진리를 구하는 자 몇 사람이라도 찾으면 그 성읍을 용서하리라 하셨습니까?(5장)

69. 만군의 여호와 이스라엘의 하나님께서 너희 무엇을 바르게 하면 내가 너희로 이곳에 살게 하리라고 하셨습니까?(7장)

70. 유다 자손이 힌놈의 아들 골짜기에 무엇을 건축하고 자녀들을 불살랐습니까?(7장)

71. 유다가 섬긴 신들의 수가 무엇과 같다고 하셨습니까?(11장)

72. 여호와께서 유다의 교만과 예루살렘의 큰 교만을 어떻게 하실 것이라고 했습니까?(13장)

73. 구스인이 피부를, 표범이 반점을 변하게 할 수 있으면 악에 익숙한 너희도 무엇을 행할 수 있으리라고 하셨습니까?(13장)

74. 누가 여호와 앞에 섰다 할지라도 내 마음은 이 백성을 향할 수 없다 하셨습니까?(15장)

75. 유다의 어떤 왕이 예루살렘에 행한 것으로 말미암아 여호와께서 그들을 세계 여러 민족 가운데 흩으신다고 하셨습니까?(15장)

76. 도벳이나 힌놈의 골짜기가 무엇으로 부르는 날이 이를 것이라고 하셨습니까?(19장)

77. 예레미야를 때리고 나무 고랑에 채웠던 바스훌의 이름을 무엇으로 바꾸셨습니까?(20장)

78. 네가 평안할 때에 내가 네게 말하였으나 네 말이 나는 듣지 아니하리라 하였나니 네가 어려서부터 내 목소리를 청종하지 아니함이 네 무엇이라고 하셨습니까?(22장)

79. 여고냐와 고관들이 바벨론으로 옮긴 후 여호와의 성전 앞에 있는 무엇을 예레미야에게 보이셨습니까?(24장)

80. 하나님께서 바벨론의 멍에를 2년 안에 꺾을 것이라고 거짓 예언한 선지자는?(28장)

81. 너희를 향한 나의 생각은 내가 아나니 너희에게 무엇을 주는 것이라고 하셨습니까?(29장)

82. 에브라임은 나의 사랑하는 아들 기뻐하는 자식이라 그를 위하여 내 무엇이 들끓어 반드시 불쌍히 여기리라고 하셨습니까?(31장)

83. 여호와께서 예레미야에게 주신 말씀을 두루마리에 적어 성전에서 낭독한 사람은?(36장)

84. 예레미야가 갈대아인에게 항복하려 한다고 하면서 그를 붙잡은 문지기 우두머리는?(37장)

85. 예레미야를 구덩이에서 건져준 구스인은?(38장)

86. 유다를 점령한 후 바벨론 왕은 그 땅을 누구에게 맡겼습니까?(40장)

87. 바벨론의 통치를 거부하고 그다랴를 죽이고 암몬으로 피신한 사람은?(41장)

88. 하나님의 말씀을 거역하고 애굽으로 내려간 백성들은 누구에게 분향하고 전제를 드리던 것을 폐한 후부터 멸망을 당한다고 말했습니까?(44장)

89. 바벨론 왕 느부갓네살이 애굽 왕 바로 느고의 군대를 패배시킨 곳은?(46장)

90. 에돔이 무엇이 되어 그리로 지나는 자마다 놀라고 탄식하리라고 하셨습니까?(49장)

91. 무엇이 큰 뱀의 거처가 되어 영원히 황폐하리라고 하셨습니까?(49장)

92. 바벨론은 여호와의 손에 잡혀 있어 온 세계가 취하게 하는 무엇이라 하셨습니까?(51장)

93. 예레미야의 지시를 받고 바벨론에 가서 바벨론 멸망의 말씀을 읽은 사람은?(51장)

94. 바벨론의 에윌므로닥 왕의 즉위 원년 열두째 달 스물다섯째 날 그가 유다의 여호야긴 왕을 어떻게 했습니까?(52장)

제8장 / 이사야-예레미야애가

예레미야애가

서론

저자 : 예레미야
연대 : 주전 586년경
목적 : 예루살렘 멸망에 대한 극도의 슬픔을 표현
주제 : 여호와의 자비로 주어지는 회복과 부흥의 소망
요절 : 예레미야애가 3:22~23
개요 : 1. 예루살렘 멸망의 슬픔(1장)
2. 예루살렘 멸망의 원인(2장)
3. 선지자의 고통(3장)
4. 현재의 고난과 과거의 영광(4장)
5. 통회와 회복을 위한 기도(5장)

학습문제

95. 처녀 딸 유다를 주께서 어디에 밟으셨다고 하셨습니까?(1장)

---

96. 예루살렘의 선지자들이 예루살렘에 대하여 어떤 묵시를 보아 죄악을 드러내서 사로잡힌 것을 드러내지 못했다고 하셨습니까?(2장)

---

97. 주께서 인생으로 고생하게 하시며 근심하게 하심은 무엇이 아니니까?(3장)

---

98. 들개들도 젖을 주어 그들의 새끼를 먹이나 딸 내 백성은 잔인하여 마치 무엇과 같다고 했습니까?(4장)

---

99. 딸 내 백성이 멸망할 때 자비로운 부녀들이 무엇을 삶아 먹었다고 했습니까?(4장)

---

100. 굶주림의 열기로 말미암아 우리의 피부가 무엇처럼 검다고 했습니까?(5장)

제9장 / 에스겔-다니엘

에스겔

서론

저자 : 에스겔

연대 : 주전 592~570년경

목적 : 바벨론에 포로로 거주하던 유대인들에게 하나님의 심판과 위로를 보여줌

주제 : 이스라엘의 회복

요절 : 에스겔 36:24~26

개요 : 1. 에스겔의 소명(1~3장)

2. 하나님의 심판(4~32장)
   ㄱ. 유다에 대한 심판(4~24장)
   ㄴ. 이방인들에 대한 심판(25~32장)
3. 이스라엘의 회복(33~48장)

학습문제

1. 어디에서 여호와의 말씀이 부시의 아들 제사장 에스겔에게 임했습니까?(1장)

---

2. 네 생물의 얼굴은 각각 어떤 얼굴이었습니까?(1장)

---

3. 이스라엘은 패역한 족속이라 그들이 듣든지 아니 듣든지 그들 가운데에 누가 있음을 알지니라고 하셨습니까?(2장)

---

4. 두루마리 책을 펴시니 그 안팎의 글 위에 어떤 말이 기록되어 있다고 했습니까?(2장)

5. 에스겔의 이마를 화석보다 굳은 무엇같이 굳게 하셨습니까?(3장)

6. 에스겔에게 며칠을 왼쪽으로 누워 이스라엘 족속의 죄를 담당하라고 하셨습니까?(4장)

7. 간청하는 에스겔에게 무엇으로 인분을 대신해 떡을 구우라고 하셨습니까?(4장)

8. 여호와의 분이 그들에게 다한즉 그들이 무엇을 알게 된다고 하셨습니까?(5장)

9. 왜 이스라엘 족속이 마침내 칼과 기근과 전염병에 망하게 됩니까?(6장)

10. 여호와의 성전 문 곧 현관과 제단 사이에서 약 스물다섯 명이 무엇에게 예배했습니까?(8장)

11. 모든 가증한 일로 말미암아 탄식하며 우는 자의 이마에 무엇을 그리라고 하셨습니까?(9장)

12. 에스겔이 예언할 때 누가 죽었습니까?(11장)

13. 내가 그들에게 한마음을 주고 그 속에 무엇을 주며 그 몸에서 돌 같은 마음을 제거하고 살처럼 부드러운 마음을 주신다고 하셨습니까?(11장)

14. 인자야 너는 무엇을 꾸리고 낮에 그들의 목전에서 끌려가라 하셨습니까?(12장)

15. 날이 더디고 모든 묵시가 사라지리라 하는 속담을 여호와께서 어떻게 하시겠다고 하셨습니까?(12장)

16. 주 여호와의 말씀에 본 것이 없이 자기 심령을 따라 예언하는 자는 어떤 사람입니까?(13장)

17. 허탄한 묵시를 보며 거짓 것을 점친 선지자들은 이스라엘의 어디에 기록되지 못하게 하신다고 하셨습니까?(13장)

18. 유혹받은 선지자의 죄악과 누구의 죄악이 같은즉 각각 자기의 죄악을 담당한다고 하셨습니까?(14장)

19. 여호와께서 불법한 나라를 치실 때 비록 어떤 세 사람이 거기에 있을지라도 그들은 자기의 공의로 자기의 생명만 건지리라고 하셨습니까?(14장)

20. 주 여호와께서 수풀 가운데 있는 포도나무를 불에 던질 무엇이 되게 한 것같이 예루살렘 주민도 그같이 할지라고 하셨습니까?(15장)

21. 주 여호와께서 예루살렘에 관해 말씀하시길 네가 어렸을 때에 벌거벗은 몸이었으며 어떻게 되어서 발짓하던 것을 기억하지 않는다고 하셨습니까?(16장)

22. 네가 누각을 모든 길 어귀에 건축하며 높은 대를 모든 거리에 쌓고도 값을 싫어하니 누구 같지도 않다고 하셨습니까?(16장)

23. 여호와께서 예루살렘의 형과 아우는 각각 누구라고 하셨습니까?(16장)

24. 너희는 너희가 범한 모든 죄악을 버리고 무엇을 새롭게 하라고 하셨습니까?(18장)

25. 너는 이스라엘 고관들을 위하여 애가를 지어 부르되 네 어미니는 무엇이라고 하셨습니까?(19장)

26. 주 여호와의 말씀이 내가 나의 삶을 두고 맹세하노니 무엇으로 분노를 쏟아 너희를 반드시 다스리겠다 하셨습니까?(20장)

27. 여호와가 내 칼을 칼집에서 빼낸 줄을 누가 알지라고 하셨습니까?(21장)

28. 인자여 탄식하되 어떻게 탄식하고 그들의 목전에서 슬피 탄식하라 하셨습니까?(21장)

29. 바벨론 왕이 갈랫길에서 점을 치되 무엇을 살펴서 예루살렘으로 갈 점괘를 얻었습니까?(21장)

30. 이스라엘 모든 고관이 예루살렘 가운데서 부모를 업신여기고 나그네를 학대했으며 누구를 해하였다 하셨습니까?(22장)

31. 이스라엘 고관 중에서 변돈과 무엇을 받은 자도 있다고 여호와께서 지적하셨습니까?(22장)

32. 이스라엘 족속이 여호와께 놋이나 주석이나 쇠나 납의 무엇이라고 하셨습니까?(22장)

33. 여호와께서 이 땅을 위해 성을 쌓으며 성 무너진 데를 막아서서 나로 하여금 어떻게 할 사람을 그 가운데서 찾다가 찾지 못했다고 하셨습니까?(22장)

34. 오홀라와 오홀리바는 각각 어디를 의미합니까?(23장)

35. 여호와께서 반역하는 족속에게 비유를 베풀기 위해 무엇을 하나 걸라고 하셨습니까?(24장)

36. 에스겔이 행한 대로 너희가 다 행하는 일이 이루어지면 내가 주 여호와인 줄을 너희가 알리라 하셨는데 이것이 이스라엘의 무엇이 되도록 하시기 위한 것입니까?(24장)

37. 여호와께서 말씀하시길 이스라엘 땅에 대해 손뼉을 치며 발을 구르며 마음을 다해 멸시하며 즐거워했던 족속은?(25장)

38. 에돔은 왜 심히 범죄했다고 하셨습니까?(25장)

39. 두로는 예루살렘에 관하여 이르기를 아하 무엇이 깨져서 내게 돌아왔다고 했습니까?(26장)

40. 여호와께서 두로 왕이 교만하여 어떻게 말했다고 하셨습니까?(28장)

41. 두로 왕은 자기가 누구보다 지혜로워서 은밀한 것을 깨닫지 못할 것이 없다고 했습니까?(28장)

42. 두로 왕은 지음을 받은 날로부터 모든 길에 완전하다가 마침내 무엇이 드러났습니까?(28장)

43. 애굽의 바로 왕은 자기의 강들 가운데 누운 무엇이라고 하셨습니까?(29장)

44. 애굽은 본래 이스라엘 족속에게 무엇이라고 하셨습니까?(29장)

45. 누가 에덴의 나무들과 함께 지하에 내려가 할례 받지 못하고 칼에 죽임을 당한 자 가운데 누우리라고 하셨습니까?(31장)

46. 메섹과 두발의 용사들은 스올에서 칼을 베개 삼고 무엇이 자기 죄악을 졌습니까?(32장)

47. 파수꾼이 경고해도 듣지 않으면 그 피가 어디로 돌아갑니까?(33장)

48. 이스라엘의 황폐한 땅에 거주하는 자들이 아브라함은 한 사람이라도 이 땅을 기업으로 얻었나니 우리가 더욱 이 땅을 기업으로 얻게 되는 이유가 무엇입니까?(33장)

49. 여호와께서 어떤 목자들이 화 있을 것이라고 하셨습니까?(34장)

50. 여호와께서 양 떼 너희를 심판하시며 너희가 무엇을 작은 일로 여기느냐고 하셨습니까?(34장)

51. 주 여호와께서 내가 진실로 무엇으로 남아 있는 이방인과 에돔 온 땅을 쳐서 말하셨다고 하셨습니까?(36장)

52. 여호와께서 이스라엘이 여러 나라 가운데서 더럽혀진 무엇을 거룩하게 하십니까?(36장)

53. 주 여호와께서 마른 뼈들에게 무엇을 들어가게 해서 살아나게 하셨습니까?(37장)

54. 에스겔이 본 골짜기의 뼈들은 누구라고 하셨습니까?(37장)

55. 로스와 메섹과 두발 왕은 누구를 여호와께서 대적하신다고 하셨습니까?(38장)

56. 에스겔이 본 측량하는 장대의 길이는 얼마였습니까?(40장)

57. 이스라엘 하나님의 영광이 어느 쪽에서부터 왔습니까?(43장)

58. 성소 동쪽을 향한 바깥문은 왜 닫고 다시 열지 못하게 하셨습니까?(44장)

59. 이스라엘 족속이 그릇 행하여 여호와를 떠날 때 어떤 레위 사람 제사장들이 성소의 직분을 지켰습니까?(44장)

60. 이스라엘의 통치자들아 백성을 어떻게 하는 것을 그칠지니라고 하셨습니까?(45장)

61. 이스라엘의 윤택한 초장의 가축 몇 마리에서 양 한 마리를 드리라고 하셨습니까?(45장)

62. 모든 정한 명절에 이스라엘 족속을 속죄하기 위하여 제물을 갖추는 것은 누구의 본분이라고 하셨습니까?(45장)

63. 어떤 문을 엿새 동안 닫고 안식일에만 열라고 하셨습니까?(46장)

64. 군주가 무엇을 준비해 안식일 외에도 동쪽을 향한 문을 열 수 있습니까?(46장)

65. 군주의 기업은 누가 이어받도록 하셨습니까?(46장)

66. 사람이 능히 건너지 못할 강물이 어디로 흘러내려 바다의 물을 되살립니까?(47장)

67. 제사장에게 돌리는 거룩한 땅 중앙에 무엇이 있게 하라고 하셨습니까?(48장)

제9장 / 에스겔-다니엘

다니엘

서론

저자 : 다니엘

연대 : 주전 530년경

목적 : 이방인과 이스라엘의 향후 역사에 대한 예언

주제 : 하나님의 주권과 능력 및 메시야 왕국

요절 : 다니엘 7:13~14

개요 : 1. 다니엘의 개인적 생애(1장)

2. 이방인들을 향한 예언(2~7장)

ㄱ. 느부갓네살 왕이 본 환상(2~4장)

ㄴ. 벨사살 왕이 본 환상(5장)

ㄷ. 다리오 왕의 칙령(6장)

ㄹ. 네 짐승에 대한 예언(7장)

3. 이스라엘을 향한 예언(8~12장)

ㄱ. 숫양과 숫염소의 환상(8장)

ㄴ. 70이레의 환상(9장)

ㄷ. 이스라엘의 미래에 대한 환상(10~12장)

학습문제

68. 유다 왕족과 귀족 중에서 왕궁에 설 만한 소년들을 데려와 무엇을 가르치게 했습니까?(1장)

69. 환관장이 다니엘의 이름을 무엇으로 고쳤습니까?(1장)

70. 하나님께서 지혜를 주신 다니엘은 또 무엇을 깨달아 알았습니까?(1장)

71. 바벨론의 지혜자들을 죽이도록 느부갓네살의 명을 받은 근위대장은?(2장)

72. 다니엘은 왜 영원부터 영원까지 하나님의 이름을 찬송한다고 했습니까?(2장)

73. 왕이 꿈에 보니 무엇이 나와서 신상의 쇠와 진흙의 발을 쳐서 부서뜨렸습니까?(2장)

74. 다니엘은 신상의 금 머리가 누구라고 해석했습니까?(2장)

75. 느부갓네살 왕이 금으로 신상을 만들어 바벨론 어디에 세웠습니까?(3장)

76. 금 신상에 엎드려 절하지 않는 자는 즉시 어디에 던져 넣으라고 했습니까?(3장)

77. 사드락과 메삭과 아벳느고를 처벌하기 위해 풀무불을 평소보다 몇 배 더 뜨겁게 했습니까?(3장)

78. 느부갓네살 왕이 풀무불에서 본 넷째 사람의 모양이 누구와 같았습니까?(3장)

79. 느부갓네살 왕은 조서를 내리면서 하나님께서 자신에게 행하신 무엇을 알게 하기를 즐겨 한다고 했습니까?(4장)

80. 느부갓네살이 침상에서 받은 환상에서 땅의 중앙에 무엇이 있는 것을 보았습니까?(4장)

81. 그 환상에서 하늘에서 누가 내려오는 것을 보았습니까?(4장)

82. 순찰자는 나무의 무엇을 남겨두라고 명했습니까?(4장)

83. 하늘의 왕을 찬양하면서 느부갓네살 왕은 하나님께서 어떤 자를 능히 낮춘다고 했습니까?(4장)

84. 벨사살 왕은 자기가 본 글자를 해석하는 사람을 무엇으로 삼는다고 했습니까?(5장)

85. 다니엘은 벨사살 왕이 자신을 누구보다 높였다고 했습니까?(5장)

86. 손가락이 나와서 왕궁 벽에 기록한 글자는 무엇이었습니까?(5장)

87. 그 글자 중 데겔은 왕을 저울에 달아보니 어떻다는 뜻이었습니까?(5장)

88. 벨사살 왕이 죽고 누가 나라를 얻었습니까?(5장)

89. 다리오 왕이 다니엘을 참소한 자들을 누구와 함께 사자 굴에 넣도록 했습니까?(6장)

90. 다니엘이 환상으로 본 네 큰 짐승은 누구를 상징합니까?(7장)

91. 넷째 짐승의 머리에 있는 열 뿔 사이에서 새로 나온 뿔에는 무엇이 있습니까?(7장)

92. 다니엘이 환상을 깨닫게 하기 위해서 누가 왔습니까?(8장)

93. 다니엘이 본 두 뿔 가진 숫양은 누구를 상징합니까?(8장)

94. 다니엘은 우리의 공의를 의지하지 않고 무엇을 의지하여 간구한다고 했습니까?(9장)

95. 다니엘이 바사 왕 고레스 삼년에 분명히 깨달은 환상은 무엇에 관한 것이었습니까?(10장)

96. 다니엘이 힛데겔 강가에서 본 한 사람은 이 환상이 오랜 후의 일이라고 하면서 마지막 날에 어떤 일을 깨닫게 하러 왔다고 했습니까?(10장)

97. 또 그가 다니엘에게 오직 먼저 무엇에 기록된 것으로 네게 보이리라고 했습니까?(10장)

98. 개국 이래로 그때까지 없던 환난이 일어날 때 백성 중 누가 구원을 받습니까?(12장)

99. 많은 사람을 옳은 데로 돌아오게 한 자는 무엇과 같이 영원토록 빛난다고 했습니까?(12장)

100. 환난의 놀라운 일의 끝은 한 때 두 때 반 때를 지나서 언제까지입니까?(12장)

제10장 / 호세아–말라기

호세아

서론

저자 : 호세아
연대 : 주전 755~710년경
목적 : 멸망을 앞둔 북이스라엘을 향한 하나님의 말씀 선포
주제 : 북이스라엘에 대한 하나님의 사랑
요절 : 호세아 11:7~9
개요 : 1. 호세아와 고멜의 관계(1~3장)
2. 하나님과 이스라엘의 관계(4~10장)
3. 이스라엘의 회복에 대한 약속(11~14장)

학습문제

1. 고멜이 로루하마를 젖 뗀 후에 또 임신하여 낳은 아들의 이름은?(1장)

2. 고멜의 자녀를 긍휼이 여기지 않은 이유는 무엇 때문이었습니까?(2장)

3. 아골 골짜기로 무엇을 삼아 주겠다고 했습니까?(2장)

4. 호세아는 음녀가 된 고멜을 사기 위해 무엇을 주었습니까?(3장)

5.여호와께서 이 땅 주민과 논쟁하시니 이 땅에는 어떤 것들이 없다 하셨습니까?(4장)

6. 이스라엘 백성은 어떻게 될수록 범죄하여 하나님께서 그들의 영화를 욕되게 하신다고 하셨습니까?(4장)

7. 그들이 여호와께 정조를 지키지 아니하고 누구를 낳았다 하셨습니까?(5장)

8. 에브라임은 무엇을 뒤따르기를 좋아해 학대를 받고 재판의 압제를 받았습니까?(5장)

9. 나는 인애를 원하고 제사를 원치 않으며 번제보다 무엇을 원한다고 하셨습니까?(6장)

10. 에브라임은 여러 민족 가운데 혼합되어 뒤집지 않은 무엇이라고 하셨습니까?(7장)

11. 원수가 무엇처럼 여호와의 집에 닥치리니 네 입에 나팔을 대라 하셨습니까?(8장)

12. 이스라엘의 제물은 무엇과 같아서 그것을 먹는 자가 더러워진다고 하셨습니까?(9장)

13. 에브라임의 영광이 무엇과 같이 날아가 해산하는 것, 아이 배는 것, 임신하는 것이 없으리라고 하셨습니까?(9장)

14. 이스라엘은 열매 맺는 무성한 포도나무라 그 열매가 많을수록 무엇을 많게 하고 그 땅이 번영할수록 무엇을 아름답게 했습니까?(10장)

15. 사마리아 왕은 물 위의 무엇과 같이 멸망할 것이라고 하셨습니까?(10장)

16. 여호와께서 내가 사람의 줄 곧 무엇으로 그들을 이끌었다고 하셨습니까?(11장)

17. 여호와께서 에브라임은 무엇으로, 이스라엘은 무엇으로 나를 감쌌다고 하셨습니까?(11장)

18. 여호와께서 내가 그들을 어디에서 속량하며 사망에서 구속하리라고 하셨습니까?(13장)

19. "너는 무엇을 가지고 여호와께로 돌아와서 수송아지를 대신하여 무엇을 주께 드리리이다"라고 아뢰라 하셨습니까?(14장)

20. 내가 이스라엘에게 무엇과 같으리니 그가 백합화같이 필 것이라고 하셨습니까?(14장)

요엘

서론

저자 : 요엘.
연대 : 주전 835년경
목적 : 유다에 내릴 재앙으로 하나님의 심판을 알리고 회개를 촉구
주제 : 하나님의 심판
요절 : 요엘 2:28~32
개요 : 1. 메뚜기와 가뭄 재앙(1장)
2. 여호와의 날을 예고(2장)
3. 여호와의 날의 임함과 유다의 회복(3장)

학습문제

21. 팥중이가 남긴 것을 무엇이 먹을 것이라고 하셨습니까?(1장)

---

22. 하나님께 수종드는 자들이 울라고 하신 이유는 그들이 성전에 무엇을 드리지 못함이라고 하셨습니까?(1장)

---

23. 여호와의 말씀에 너희는 옷을 찢지 말고 무엇을 찢으라고 하셨습니까?(2장)

---

24. 너희는 시온에서 나팔을 불어 무엇을 정하고 성회를 소집하라고 하셨습니까?(2장)

---

25. 어떤 날이 이르기 전에 해가 어두워지고 달이 핏빛같이 변한다고 하셨습니까?(2장)

26. 어떤 자는 누구든지 구원을 받는다고 하셨습니까?(2장)

27. 에돔은 유다 자손에게 포악을 행하고 무엇을 흘렸기에 황무한 들이 된다고 하셨습니까?(3장)

제10장 / 호세아–말라기

아모스

서론

저자 : 아모스
연대 : 주전 755년경
목적 : 북이스라엘의 죄를 책망하며 임박한 하나님의 심판 경고
주제 : 하나님의 심판
요절 : 아모스 8:11~12
개요 : 1. 여덟 나라에 대한 심판(1~2장)
2. 세 가지 설교(3~6장)
3. 다섯 가지 환상(7~9:10)
4. 다섯 가지 약속(9:11~15)

학습문제

28. 여로보암 시대의 어떤 사건 전에 아모스가 이스라엘에 대해 받은 말씀입니까?(1장)

---

29. 에돔의 죄는 항상 맹렬히 무엇을 내고 또 무엇을 끝없이 품었던 것입니까?(1장)

---

30. 이스라엘의 죄 중 하나는 무엇을 받고 가난한 자를 판 것입니까?(2장)

---

31. 주 여호와께서는 무엇을 종 선지자들에게 보이지 않으시고는 결코 행하심이 없으 니까?(3장)

---

32. 오직 무엇을 물같이, 무엇을 마르지 않는 강같이 흐르게 하라고 하셨습니까?(5장)

---

33. 이스라엘은 정의를 무엇으로, 공의의 열매를 무엇으로 바꾸었다고 하셨습니까?(6장)

---

34. 여호와께서 무엇을 보이신 뒤 이스라엘의 끝이 이르렀은즉 내가 다시는 그를 용서하지 아니하리라고 아모스에게 말씀하셨습니까?(8장)

---

35. 양식이 없어 주림이 아니며 물이 없어 갈함이 아니요 오직 무엇을 듣지 못한 기갈이라고 하셨습니까?(8장)

---

36. 보라 주 여호와의 눈이 어떤 나라를 주목한다고 하셨습니까?(9장)

제10장 / 호세아–말라기

오바댜

서론

저자 : 오바댜
연대 : 주전 586년경
목적 : 에돔에 대한 심판의 이유와 그 경고
주제 : 하나님의 심판
요절 : 오바댜 1:10
개요 : 1. 심판의 예고(1:1~9)
2. 심판의 이유(1:10~16)
3. 이스라엘의 회복(1:17~21)

학습문제

37. 에돔의 무엇이 너를 속였다고 하셨습니까?(1장)

---

38. 에돔은 야곱에게 행한 무엇으로 말미암아 영원히 멸절된다고 하셨습니까?(1장)

---

39. 여호와께서 만국을 벌할 날이 가까웠으니 무엇대로 너도 받을 것이라고 하셨습니까?(1장)

제10장 / 호세아–말라기

요나

서론

저자 : 요나
연대 : 주전 760년경
목적 : 니느웨를 향한 회개의 말씀 선포
주제 : 하나님의 자비
요절 : 요나 3:10
개요 : 1. 요나의 불순종과 회개(1~2장)
2. 요나의 순종과 니느웨 전도(3장)
3. 하나님께서 불평하는 요나를 깨우치심(4장)

학습문제

40. 니느웨의 무엇이 여호와 앞에 상달되었다고 하셨습니까?(1장)

---

41. 요나는 무엇으로 제사를 드리고 나의 서원을 주께 갚겠다고 기도했습니까?(2장)

---

42. 요나의 외침을 듣고 니느웨 사람들은 금식을 선포하고 무엇을 입었습니까?(3장)

---

43. 하나님께서 성내는 요나에게 니느웨 성에 어떤 자가 십이만여 명이라고 하셨습니까?(4장)

미가

서론

저자 : 미가
연대 : 주전 700년경
목적 : 북 이스라엘과 남 유다를 향한 하나님의 공의의 심판 선포
주제 : 구원하시는 하나님
요절 : 미가 6:8
개요 : 1. 심판에 대한 예언(1~3장)
2. 회복에 대한 예언(4~5장)
3. 회개의 촉구(6~7장)

학습문제

44. 미가가 받은 여호와의 말씀은 어디에 관한 묵시였습니까?(1장)

45. 하나님께서는 유다와 예루살렘을 보시고 무엇같이 애곡하고 애통한다고 하셨습니까?(1장)

46. 여호와께서 말씀하시길 나의 말이 어떤 자에게 유익하다고 하셨습니까?(2장)

47. 내 백성을 유혹하는 선지자들은 그 입을 채워주지 않는 자에게 무엇을 준비한다고 하셨습니까?(3장)

48. 야곱과 이스라엘의 통치자들이 시온과 예루살렘을 무엇으로 건축한다고 하셨습니까?(3장)

49. 끝 날에 많은 이방사람들이 어디에 올라가서 야곱의 하나님의 전에 이른다고 하셨습니까?(4장)

50. 이스라엘을 다스릴 자가 어디에서 내게로 나올 것이라고 하셨습니까?(5장)

51. 야곱의 남은 자는 많은 백성 가운데서 여호와께로부터 내리는 무엇과 같다 하셨습니까?(5장)

52. 주께서 선한 것이 무엇임을 사람에게 보이셨나니 여호와께서 구하시는 것은 겸손하게 무엇을 하는 것입니까?(6장)

53. 여호와께서 이스라엘이 누구의 율례와 누구 집의 모든 예법을 지키고 그들의 전통을 따른다고 하셨습니까?(6장)

54. 너희는 이웃을 믿지 말며 친구를 의지하지 말며 네 품에 누운 여인에게라도 무엇을 지키라고 하셨습니까?(7장)

55. 여호와의 대적이 무엇같이 밟히는 것을 여호와께서 보신다고 하셨습니까?(7장)

제10장 / 호세아–마라기

나훔

서론

저자 : 나훔
연대 : 주전 663~612년경
목적 : 니느웨 성의 심판과 그 원인 선포
주제 : 하나님의 공의의 심판
요절 : 나훔 3:5~7
개요 : 1. 니느웨에 대한 심판의 선포(1장)
2. 심판의 구체적 내용 선포(2장)
3. 심판의 원인과 그 필연적 결과(3장)

학습문제

56. 여호와는 누구에게 보복하시고 진노를 품으십니까?(1장)

57. 아름다운 소식을 알리고 화평을 전하는 발이 산 위에 있고 유다는 무엇을 지키고 무엇을 갚으라 하셨습니까?(1장)

58. 니느웨는 예로부터 무엇과 같더니 이제 모두 도망하니 서라 서라 하나 돌아보는 자가 없게 되었습니까?(2장)

59. 니느웨는 무엇에 능숙한 미모의 음녀가 많은 음행을 행함이라 하셨습니까?(3장)

60. 니느웨의 멸망 소식을 듣는 자가 다 손뼉을 치는 이유는 그들이 항상 니느웨로부터 무엇을 당했기 때문이라고 하셨습니까?(3장)

제10장 / 호세아–말라기

하박국

서론

저자 : 하박국
연대 : 주전 509~507년경
목적 : 하나님의 행하심에 대한 근본적 질문과 답변
주제 : 의인은 믿음으로 삶
요절 : 하박국 2:4
개요 : 1. 하박국의 질문(1~2장)
2. 하박국의 찬양(3장)

학습문제

61. 선지자 하박국이 묵시로 받은 무엇입니까?(1장)

62. 갈대아 사람들은 무엇을 자기들의 신으로 삼는 자들이었습니까?(1장)

63. 물이 바다를 덮음같이 무엇이 세상에 가득함이라고 하셨습니까?(2장)

64. 하박국은 "진노 중에라도 무엇을 잊지 마옵소서"라고 기도했습니까?(3장)

65. 비록 무화과나무가 무성하지 못하며 외양간에 소가 없을지라도 하박국은 자신의 어떤 하나님으로 말미암아 기뻐하리라고 했습니까?(3장)

제10장 / 호세아–말라기

스바냐

서론

저자 : 스바냐

연대 : 주전 630~625년경

목적 : 하나님의 심판이 하나님의 의를 증거함을 선포함

주제 : 여호와의 날

요절 : 스바냐 2:3

개요 : 1. 여호와의 날에 임할 심판(1~2장)

2. 여호와의 날에 임할 구원(3장)

학습문제

66. 스뱌냐는 누구의 현손이었습니까?(1장)

---

67. 여호와의 날이 가까웠으므로 여호와께서 희생을 준비하고 어떤 자들을 구별하셨다고 했습니까?(1장)

---

68. 여호와가 이 땅 모든 주민을 놀랍게 멸절하실 때 이 온 땅을 여호와의 무엇이 삼킬 것입니까?(1장)

---

69. 여호와는 의로우사 아침마다 빠짐없이 자기 공의를 비추시거늘 불의한 자는 무엇을 알지 못한다 하셨습니까?(3장)

70. 여호와께서 어떤 백성을 남겨두시고 그들이 여호와의 이름을 의탁하여 보호를 받도록 하십니까?(3장)

---

70. 여호와께서 어떤 백성을 남겨두시고 그들이 여호와의 이름을 의탁하여 보호를 받도록 하십니까?(3장)

제10장 / 호세아–말라기

학개

서론

저자 : 학개
연대 : 주전 529년경
목적 : 중단되었던 성전 재건을 촉구함
주제 : 성전 재건
요절 : 학개 1:7~8
개요 : 1. 여호와의 첫 번째 말씀(1장)
2. 두 번째 말씀(2:1~9)
3. 세 번째 말씀(2:10~19)
4. 네 번째 말씀(2:20~23)

학습문제

71. 여호와의 말씀이 선지자 학개로 말미암아 누구에게 임했습니까?(1장)

---

72. 이 성전은 황폐하였거늘 너희가 어떤 집에 거주하는 것이 옳으냐고 하셨습니까?(1장)

---

73. 여호와의 집이 황폐하였으므로 땅의 모든 소산과 사람과 가축과 손으로 하는 모든 일에 무엇을 들게 하셨습니까?(1장)

---

74. 여호와께서 내가 너희와 언약한 말과 나의 영이 계속하여 너희 가운데에 머물러 있다고 말씀하시면서 너희는 어떻게 하라고 하십니까?(2장)

---

75. 여호와께서 종 스룹바벨을 세우고 무엇으로 삼는다 하셨습니까?(2장)

제10장 / 호세아–말라기

스가랴

서론

저자 : 스가랴
연대 : 주전 520~516년경
목적 : 성전 재건을 완성하도록 촉구하며 성전의 미래 영광을 선포함
주제 : 성전의 영광과 메시야의 구원
요절 : 스가랴 9:9
개요 : 1. 여덟 가지 환상(1~6장)
2. 금식에 관한 질문과 답(7~8장)
3. 이방의 멸망과 이스라엘의 구원(9~14장)

학습문제

76. 밤에 보니 한 사람이 붉은 말을 타고 골짜기 속 화석류나무 사이에 섰고 그 뒤에는 붉은 말과 자줏빛 말과 백마가 있는데 이 말들은 무엇을 위한 말들입니까?(1장)

---

77. 여호와께서 안일한 나라들에 진노하여 조금 노하였거늘 그들은 어떻게 고난을 더했음이라 하셨습니까?(1장)

---

78. 모든 육체가 여호와 앞에서 잠잠할 것은 여호와께서 어디서 일어나심이라고 하셨습니까?(2장)

---

79. 여호와 앞에 서 있는 대제사장 여호수아를 누가 대적했습니까?(3장)

80. 대제사장 여호수아와 그 동료들에게 이르시기를 내가 내 종 무엇을 나게 하리라고 하셨습니까?(3장)

81. 만군의 여호와께서 말씀하시되 이는 힘으로 되지 아니하며 능력으로 되지 아니하고 오직 무엇으로 된다고 하셨습니까?(4장)

82. 두 감람나무는 기름 부음 받은 자 둘이니 곧 어떤 자들입니까?(4장)

83. 날아가는 두루마리는 무엇을 상징합니까?(5장)

84. 에바 속에 있는 한 여인은 무엇을 상징합니까?(5장)

85. 여호와께서 시온에 돌아와 예루살렘에 거하리니 예루살렘은 어떻게 일컫게 된다고 하셨습니까?(8장)

86. 만군의 여호와께서 말씀하시길 금식이 변하여 유다 족속에게 희락의 절기들이 되리니 오직 너희는 무엇을 사랑하라고 하셨습니까?(8장)

87. 시온과 예루살렘에 임하시는 왕은 겸손하셔서 무엇을 타신다고 하셨습니까?(9장)

88. 만군의 여호와가 그 무리 곧 유다 족속을 돌보아 그들을 무엇과 같게 하십니까?(10장)

---

89. 여호와께서 은총이라 하는 막대기를 꺾으심은 무엇을 폐하려 하심이었습니까?(11장)

---

90. 연합이라 하는 둘째 막대기를 꺾으심은 무엇을 끊으려 하심이었습니까?(11장)

---

91. 그날에 여호와가 예루살렘을 보호하리니 그중에 약한 자가 그날에는 누구와 같겠다고 하셨습니까?(12장)

---

92. 여호와께서 다윗의 집과 예루살렘 주민에게 무엇을 부어 주리라고 하셨습니까?(12장)

---

93. 그날에 거짓 선지자들이 나는 선지자가 아니라 무엇이라고 속인다 하셨습니까?(13장)

---

94. 그날에는 말 방울에까지 무엇이라 기록될 것이라고 하셨습니까?(14장)

말라기

서론

저자 : 말라기
연대 : 주전 433~425년경
목적 : 이스라엘 백성의 죄악된 질문에 대한 여호와의 답변
주제 : 회개와 순종을 통한 진실한 신앙의 촉구
요절 : 말라기 4:5~6
개요 : 1. 제사장들의 죄(1~2:9)
2. 백성들의 죄(2:10~3장)
3. 메시야와 엘리야에 대한 예언(4장)

학습문제

95. 여호와의 제단 위에 헛되이 불사르지 못하게 하기 위해 너희 중에 누가 있었으면 좋겠다고 하셨습니까?(1장)

96. 제사장들이 어떤 것들을 봉헌물로 가져와 내가 그것을 너희 손에서 받겠느냐고 하셨습니까?(1장)

97. 유다는 여호와께서 사랑하시는 그 무엇을 욕되게 하여 이방 신의 딸과 결혼했습니까?(2장)

98. 여호와께서 오직 영을 하나로 만드심은 무엇을 얻고자 하심이었습니까?(2장)

99. 이스라엘 백성이 도둑질한 하나님의 것은 무엇입니까?(3장)

100. 내 이름을 경외하는 너희에게는 공의로운 해가 떠올라 무엇을 비춘다 하셨습니까?(4장)

(구약열람문제 끝)

신 약
(성경열람문제)

제1장
마태복음 I 마가복음

제2장
누가복음 I 요한복음

제3장
사도행전 I 로마서

제4장
고린도전서 I 고린도후서 I 갈라디아서 I 에베소서 I 빌립보서

제5장
골로새서 I 데살로니가전서 I 데살로니가후서 I 디모데전서 I 디모데후서
디도서 I 빌레몬서 I 히브리서 I 야고보서

제6장
베드로전서 I 베드로후서 I 요한1서 I 요한2서 I 요한3서 I 유다서 I 요한계시록

제1장 / 마태복음–마가복음

마태복음

서론

저자 : 마태

연대 : 주후 65년경

목적 : 메시야를 기다려온 유대인들에게 나사렛 예수께서 구약에서 예언하고 있는 그리스도이심을 증거함

주제 : 예수 그리스도는 왕이시다

요절 : 마태복음 3:15

개요 : 1. 왕이 그의 백성에게 자신을 나타내심(1~10장)
2. 종교 지도자들이 왕을 거부함(11~13장)
3. 왕이 그의 체포와 십자가 고난을 준비하시기 위하여 제자들과 함께 군중을 떠나심(14~20장)
4. 왕이 배척당하시고 십자가 고난을 당하심(21~27장)
5. 왕이 부활하시고 제자들에게 온 세계에 그의 메시지를 전하라 명하심(28장)

학습문제

1. 보아스를 낳은 여자는?(1장)

2. 마리아는 예수 그리스도를 어떻게 잉태했습니까?(1장)

3. 예수는 누구를 그들의 죄에서 구원할 자이십니까?(1장)

4. 박사들은 동방에서 무엇을 보고 경배하러 왔다고 했습니까?(2장)

5. 헤롯의 뒤를 이어 유대의 임금이 된 왕은?(2장)

6. 세례 요한은 세례 받으러 온 바리새인과 사두개인들을 무엇이라 불렀습니까?(3장)

7. 요한은 내 뒤에 오시는 이는 무엇으로 세례를 베푸실 것이라고 했습니까?(3장)

8. 성전 꼭대기에서 뛰어내려 보라는 마귀의 시험에 예수님은 어떻게 답했습니까?(4장)

9. 예수께서 무엇을 들으시고 갈릴리로 물러나셨습니까?(4장)

10. 베드로와 안드레에게 나를 따라오라 내가 너희를 무엇이 되게 하신다고 했습니까?(4장)

11. 예수께서 갈릴리에 두루 다니사 회당에서 가르치시며 무엇을 전파하셨습니까?(4장)

12. 어떤 자가 땅을 기업으로 받는 복 있는 자입니까?(5장)

13. 어떤 자가 하나님의 아들이라 일컬음 받을 복 있는 자입니까?(5장)

14. 예수로 말미암아 욕하고 박해 받을 때 무엇이 커서 기뻐하고 즐거워하라고 하셨습니까?(5장)

15. 너희 빛이 사람 앞에 비치게 하여 그들로 너희 무엇을 보고 하늘에 계신 너희 아버지께 영광을 돌리라고 하셨습니까?(5장)

16. 율법을 어떻게 하는 자가 천국에서 크다 일컬음을 받습니까?(5장)

17. 너희 무엇이 서기관과 바리새인보다 더 낫지 못하면 천국에 들어가지 못합니까?(5장)

18. 형제에게 무엇이라 하는 자는 지옥 불에 들어갑니까?(5장)

19. 하늘이 무엇이기에 하늘로 맹세하지 말라고 하셨습니까?(5장)

20. 너희 원수를 사랑하며 너희를 어떻게 하는 자를 위해 기도하라고 하셨습니까?(5장)

21. 구제할 때 외식하는 자처럼 너희 앞에 무엇을 불지 말라 하셨습니까?(6장)

22. 금식할 때 외식하는 자처럼 무엇을 보이지 말라 하셨습니까?(6장)

23. 무엇을 먹을까, 마실까, 입을까 하는 것은 다 누가 구하는 것이라고 하셨습니까?(6장)

24. 외식하는 자여 먼저 네 눈에서 무엇을 빼라 하셨습니까?(7장)

25. 하늘에 계신 아버지께서 구하는 자에게 어떤 것으로 주십니까?(7장)

26. 거짓 선지자들은 양의 옷을 입었지만 그 속에는 무엇이라고 하셨습니까?(7장)

27. 주여 주여 하는 자가 아니라 어떤 자가 천국에 들어갑니까?(7장)

28. 예수께서 백부장에게 이르시되 가라 무엇대로 될지어다 하셨습니까?(8장)

29. 귀신들이 들어가 돼지 떼가 바다에 몰사한 후 온 시내가 예수를 만나보고 무엇을 간구했습니까?(8장)

30. 중풍병자를 고치시기 전에 인자가 세상에서 어떤 권능이 있는 줄 알게 하셨습니까?(9장)

31. 나는 의인을 부르러 온 것이 아니요 누구를 부르러 왔노라고 하셨습니까?(9장)

32. 제자들이 총독들과 임금들 앞에 끌려가리니 이는 그들과 이방인들에게 무엇이 되게 하려 하심이라고 말합니까?(10장)

33. 세례 요한 때부터 지금까지 천국은 무엇을 당한다고 하셨습니까?(11장)

34. 지혜는 무엇으로 인하여 옳다 함을 얻는다고 하셨습니까?(11장)

35. 나는 마음이 온유하고 겸손하니 나의 멍에를 메고 내게 배우라 그리하면 너희 마음이 무엇을 얻는다고 하셨습니까?(11장)

36. 내가 너희에게 이르노니 사람이 무슨 무익한 말을 하든지 심판 날에 그에 대하여 무엇을 받습니까?(12장)

37. 예수님은 손을 내밀어 누구를 가리키며 나의 어머니와 동생들을 보라고 하셨습니까?(12장)

38. 비유로 말씀하심은 무엇을 아는 것이 제자들에게만 허락되었기 때문입니까?(13장)

39. 천국 말씀을 들어도 어떤 때 악한 자가 와서 마음에 뿌려진 것을 빼앗아 갑니까?(13장)

40. 누가 새것과 옛것을 그 곳간에서 내오는 집주인과 같다 하셨습니까?(13장)

41. 떡 다섯 개와 물고기 두 마리를 가지고 하늘을 우러러 무엇을 하셨습니까?(14장)

42. 물 위를 걷던 베드로는 무엇을 보고 무서워 빠져 갔습니까?(14장)

43. 바리새인과 서기관은 그들의 전통으로 무엇을 범했습니까?(15장)

44. 입에서 나오는 것들은 어디에서 나와 사람을 더럽힌다고 하셨습니까?(15장)

45. 가나안 여자는 옳소이다마는 개들도 제 주인의 상에서 떨어지는 무엇을 먹는다고 대답했습니까?(15장)

46. 너희가 날씨는 분별할 줄 알면서 무엇은 분별할 수 없느냐고 하셨습니까?(16장)

47. 예수님께서 제자들에게 주의하라고 말씀하신 누룩은 무엇을 의미한 것입니까?(16장)

48. 예수께서 베드로에게 사탄아 내 뒤로 물러가라 하시며 네가 하나님의 일을 생각하지 아니하고 도리어 무엇을 생각한다고 하셨습니까?(16장)

49. 예수님은 제자들이 왜 자주 불에도 넘어지며 물에도 넘어지는 아이를 치료하지 못했다고 하셨습니까?(17장)

50. 누구든지 어린아이와 같이 어떻게 하는 사람이 천국에서 큰 자라고 하셨습니까?(18장)

51. 어떤 사람이 죄를 범하고도 듣지 않거든 한두 사람을 데리고 가서 두세 증인의 입으로 무엇을 하게 하라고 하셨습니까?(18장)

52. 교회의 말도 듣지 않거든 누구와 같이 여기라고 하셨습니까?(18장)

53. 모세가 무엇 때문에 아내 버림을 허락했다고 하셨습니까?(19장)

54. 세상이 새롭게 되면 제자들은 열두 보좌에 앉아 무엇을 한다고 하셨습니까?(19장)

55. 저물매 포도원 주인이 청지기에게 이르되 품꾼들을 불러 나중 온 자로부터 시작하여 먼저 온 자까지 삯을 주라 했을 때 다 얼마씩 받았습니까?(20장)

56. 인자가 온 것은 자기 목숨을 많은 사람의 무엇으로 주기 위함입니까?(20장)

57. 예수님께서 나귀를 타고 예루살렘에 입성하시자 온 성이 소동하며 무리가 갈릴리 나사렛에서 나온 누구라고 했습니까?(21장)

58. 예수님은 성전에서 매매하는 사람들이 기도하는 집을 무엇으로 만든다고 하셨습니까?(21장)

59. 예수님은 포도원을 만든 주인의 비유를 드시며 하나님의 나라를 누가 받으리라고 하셨습니까?(21장)

60. 바리새인들은 예수님을 무엇에 걸리게 하려고 가이사에게 바치는 세금 문제를 물었습니까?(22장)

61. 말만 하고 행하지 않는 서기관들과 바리새인들이 누구의 자리에 앉았다고 하셨습니까?(23장)

62. 외식하는 서기관과 바리새인들은 박하와 회향과 근채의 십일조는 드리되 율법의 더 중한 바 무엇을 버렸다고 하셨습니까?(23장)

63. 주의 임하심과 세상 끝에 무엇을 받지 않도록 주의하라고 하셨습니까?(24장)

64. 환난의 날들을 감하지 아니하면 모든 육체가 구원을 얻지 못하나 누구를 위하여 그 날들을 감하신다고 하셨습니까?(24장)

65. 악한 종에게 언제 그 주인이 이르러 엄히 때리고 벌에 처한다고 하셨습니까?(24장)

66. 향유를 부은 여자를 제자들이 비난하자 예수님은 어떤 자들이 항상 너희와 함께 있거니와 나는 항상 함께 있지 않다고 하셨습니까?(26장)

67. 예수님을 잡으러 온 사람들에게 내가 날마다 성전에 앉아 가르쳤으되 너희가 나를 잡지 않은 것은 다 무엇을 이루려 함이라고 하셨습니까?(26장)

68. 예수님께서 자신이 하나님의 아들 그리스도라고 하시자 대제사장은 자기 옷을 찢으며 어떤 말을 빌미로 더 증인을 요구하겠느냐고 했습니까?(26장)

---

69. 유다가 반환한 은 삼십으로 토기장이의 밭을 사서 무엇을 삼았습니까?(27장)

---

70. 빌라도가 물을 가져다가 무리 앞에서 손을 씻으며 이르되 이 사람의 피에 대하여 나는 무죄하니 너희가 당하라 말하자 백성들은 그 피를 누구에게 돌리라고 외쳤습니까?(27장)

---

71. 예수님께서 십자가에서 운명하신 후 백부장과 예수를 지키던 자들이 지진과 그 일어난 일들을 보고 이는 진실로 누구였다고 고백했습니까?(27장)

---

72. 여자들이 나아가 부활하신 예수님의 발을 붙잡고 경배하니 예수께서 무서워하지 말라 가서 내 형제들에게 어디로 가라 하라고 여자들에게 말씀하셨습니까?(28장)

제1장 / 마태복음–마가복음

마가복음

서론

저자 : 바나바의 생질인 마가 요한

연대 : 주후 65~68년

목적 : 네로 황제의 박해로 고난을 겪고 있던 성도들에게 주님의 사역과 생애를 밝힘으로써 위로와 소망과 힘을 주기 위함

주제 : 예수 그리스도는 그의 아버지의 뜻을 따르시는 종이시다

요절 : 마가복음 10:45

개요 : 1. 갈릴리에서의 그리스도의 직무(1~9장)
2. 예루살렘에서의 그리스도의 직무(10장)
3. 그리스도의 십자가 고난(11~15장)
4. 그리스도의 부활과 승천(16장)

학습문제

73. 세례 요한은 광야에서 죄 사함을 받게 하는 무엇을 전파했습니까?(1장)

74. 회당의 더러운 귀신 들린 사람이 예수님을 보고 소리 질러 이르되 나는 당신이 누구인 줄 안다면서 어떻게 말했습니까?(1장)

75. 언제 예수께서 일어나 나가 한적한 곳으로 가서 기도하셨습니까?(1장)

76. 인자는 안식일에도 어떤 분이십니까?(2장)

77. 어떤 자가 영원히 사하심을 얻지 못하고 영원한 죄가 된다 하셨습니까?(3장)

78. 돌밭은 말씀으로 인하여 무엇이 일어날 때 넘어지는 자입니까?(4장)

79. 땅이 스스로 열매를 맺되 어떤 순서로 맺습니까?(4장)

80. 군대 귀신 들려 무덤 사이에 있던 자가 고침을 받고 예수께서 자기에게 행하신 큰 일을 어느 지역에서 전파했습니까?(5장)

81. 예수께서 고향에서 아무 권능을 행하시지 못하고 무엇을 이상히 여기셨습니까?(6장)

82. 헤롯이 요한을 어떤 사람으로 알고 두려워했습니까?(6장)

83. 오병이어의 기적 후에 예수님은 무리를 작별하신 후 무엇을 하러 산으로 가셨습니까?(6장)

84. 귀 먹고 말 더듬는 자를 고치실 때 하늘을 우러러 탄식하시며 무엇이라고 하셨습니까?(7장)

85. 떡 일곱 개와 작은 생선 두어 마리로 큰 무리를 먹이시는 기적을 행하신 후에 먹고 남은 조각 몇 광주리를 거두었습니까?(8장)

86. 벳새다에서 맹인을 치료하시며 무엇이 보이느냐 물으시자 그는 무엇이 걸어가는 것을 본다고 했습니까?(8장)

---

87. 베드로, 요한, 야고보와 함께 예수님이 산에서 내려오실 때 인자가 어느 때까지는 산에서 본 것을 아무에게도 이르지 말라고 경고하셨습니까?(9장)

---

88. 지옥에서는 사람마다 불로써 무엇을 치듯 함을 받으리라고 하셨습니까?(9장)

---

89. 주님과 복음을 위해 집이나 형제나 자매나 어머니나 아버지나 자식이나 전토를 버린 자는 현세에서 그 몇 배를 받고 또 무엇을 겸하여 받는다고 하셨습니까?(10장)

---

90. 포도원 농부 비유에서 악한 농부들은 주인의 사랑하는 아들을 왜 죽이자고 했습니까?(12장)

---

91. 예수님이 부활이 없다 하는 사두개인들에게 왜 오해한다고 하셨습니까?(12장)

---

92. 마지막 때에 민족이 민족을, 나라가 나라를 대적해 일어나고 재난의 시작으로 곳곳에 무엇이 있을 것이라고 하셨습니까?(13장)

---

93. 너희가 내 이름으로 말미암아 모든 사람에게 미움을 받을 것이나 누가 구원을 받는다고 하셨습니까?(13장)

---

94. 멸망의 가증한 것이 서지 못할 곳에 선 것을 보는 날에는 아이 밴 자들과 젖먹이는 자들은 이 일이 언제가 되지 않도록 기도하라고 하셨습니까?(13장)

95. 예수께서 누구 집에서 식사하실 때 한 여자가 옥합 향유를 깨뜨려 예수님의 머리에 부었습니까?(14장)

96. 이것은 많은 사람을 위하여 흘리는 나의 피 곧 언약의 피니라 말씀하신 후 내가 포도나무에서 난 것을 하나님 나라에서 무엇으로 마시는 날까지 다시 마시지 않겠다고 하셨습니까?(14장)

97. 체포하러 온 무리를 향해 너희가 누구를 잡는 것같이 검과 몽치를 가지고 나를 잡으러 나왔느냐 하셨습니까?(14장)

98. 예수께 침을 뱉으며 그의 얼굴을 가리고 주먹으로 치며 무슨 노릇을 하라고 했습니까?(14장)

99. 억지로 예수님의 십자가를 대신 진 구레네 사람 시몬은 누구의 아버지였습니까?(15장)

100. 부활하신 예수님은 누구에게 가장 먼저 보이셨습니까?(16장)

제2장 / 누가복음-요한복음

누가복음

서론

저자 : 누가
연대 : 주후 61~63년
목적 : 데오빌로 각하에게 예수의 생애와 사역을 사실로 알림
주제 : 예수 그리스도는 인자(人子)이시다
요절 : 누가복음 12:7, 32
개요 : 1. 주님의 탄생과 어린 시절(1~2장)
2. 주님의 세례와 시험(3~4:13)
3. 갈릴리에서 주님의 직무(4:14~9:17)
4. 예루살렘으로 가시는 도중의 주님의 직무(9:18~19:27)
5. 예루살렘에서 주님의 마지막 수난의 식무(19:28~24징)

학습문제

1. 처음부터 목격자와 말씀의 일꾼 된 자들이 전하여 준 그대로 내력을 저술하려고 무엇을 든 사람이 많았습니까?(1장)

2. 천사는 세례 요한이 주 앞에 큰 자가 되며 모태로부터 무엇을 받는다고 전했습니까?(1장)

3. 세례 요한이 무엇으로 주 앞에 먼저 와서 주를 위하여 세운 백성을 준비한다고 했습니까?(1장)

4. 사가랴가 성령의 충만함을 받아 예언하며 우리를 위하여 무엇을 그 종 다윗의 집에 일으키셨다고 했습니까?(1장)

5. 천사가 목자들에게 이르되 내가 온 백성에게 미칠 무엇을 너희에게 전한다고 했습니까?(2장)

6. 예루살렘의 시므온은 의롭고 경건하여 무엇을 기다렸습니까?(2장)

7. 그의 부모가 해마다 유월절이 되면 예루살렘으로 가더니 예수님은 열두 살 되었을 때 이 절기의 무엇을 따라 부모와 함께 예루살렘으로 올라갔습니까?(2장)

8. 세례 요한은 군병들에게 사람에게서 강탈하지 말며 거짓으로 고발하지 말고 무엇을 족한 줄로 알라고 했습니까?(3장)

9. 예수께서 무엇으로 갈릴리에 돌아가시니 그 소문이 사방에 퍼졌습니까?(4장)

10. 예수께서 그 자라나신 곳 나사렛에 이르사 안식일에 늘 하시던 대로 회당에 들어가사 무엇을 하시려고 서셨습니까?(4장)

11. 게네사렛 호숫가에서 누구의 배에 올라 무리를 가르치셨습니까?(5장)

12. 온 몸에 나병 들린 사람을 고쳐주시고 제사장에게 가서 모세가 명한 대로 예물을 드려 그들에게 깨끗하게 되었음을 어떻게 하라고 하셨습니까?(5장)

13. 내가 의인을 부르러 온 것이 아니요 죄인을 불러 무엇을 시키러 왔다고 하셨습니까?(5장)

14. 예수께서 밤새 기도하고 제자들을 부르사 열둘을 택하여 무엇이라 칭하셨습니까?(6장)

15. 모든 사람이 너희를 어떻게 하면 화가 있도다 그들의 조상들이 거짓 선지자들에게 이와 같이 했다 하셨습니까?(6장)

16. 악한 자는 그 쌓은 악에서 악을 내나니 이는 무엇을 입으로 말함입니까?(6장)

17. 백부장은 유대인을 사랑하고 그들을 위해 무엇을 지었습니까?(7장)

18. 바리새인과 율법 교사들은 세례 요한의 세례를 받지 아니함으로 그들 자신을 위한 무엇을 저버렸습니까?(7장)

19. 세례 요한이 와서 떡도 먹지 않고 포도주도 마시지 않자 어떻게 비난했습니까?(7장)

20. 사함을 받은 일이 적은 자는 어떻게 합니까?(7장)

21. 악귀를 쫓아내심과 병 고침을 받은 어떤 여자들은 무엇으로 예수님과 제자들을 섬겼습니까?(8장)

22. 가시떨기에 떨어졌다는 것은 말씀을 들으나 무엇에 기운이 막혀 온전히 결실치 못합니까?(8장)

23. 예수께서 네 이름이 무엇이냐 물으시니 군대라 대답한 많은 귀신이 들린 사람은 예수님께 어디로 들어가라 하지 마시기를 간구했습니까?(8장)

24. 예수께서 열두 제자를 불러 모든 귀신을 제어하며 병을 고치는 무엇을 주셨습니까?(9장)

25. 고라신과 벳새다에 행한 권능을 어디에 행하였더라면 그들이 벌써 베옷을 입고 재에 앉아 회개했을 것이라고 하셨습니까?(10장)

26. 칠십 인이 돌아와 보고하자 귀신들이 항복하는 것으로 기뻐하지 말고 무엇으로 기뻐하라고 하셨습니까?(10장)

27. 예수께서 성령으로 기뻐하시며 이르시되 아들의 소원대로 무엇을 받는 자 외에는 아버지가 누구인지 아는 자가 없다 하셨습니까?(10장)

28. 비록 벗 됨으로 인하여서는 일어나서 주지 않을지라도 무엇을 인하여 일어나 그 요구대로 주리라 하셨습니까?(11장)

29. 예수께서 나와 함께하지 않는 자는 어떤 자라고 하셨습니까?(11장)

30. 무리 중에서 한 여자가 음성을 높여 당신을 밴 태와 먹인 젖이 복이 있나이다 하니 예수께서 오히려 누가 복이 있다 하셨습니까?(11장)

31. 예수께서 바리새인은 무엇 같아서 그 위를 밟는 사람이 알지 못한다고 하셨습니까?(11장)

32. 율법교사는 무엇을 가져가서 자기도 들어가지 않고 또 들어가고자 하는 자도 막았습니까?(11장)

33. 사람의 생명이 그 소유의 넉넉한 데 있지 아니하니라 하시고 무엇을 물리치라고 하셨습니까?(12장)

34. 어리석은 부자의 비유를 들어 자기를 위하여 재물을 쌓아두고 하나님께 대하여 어떤 자가 그와 같다고 하셨습니까?(12장)

35. 적은 무리여 무서워 말라 너희 아버지께서 무엇을 너희에게 주시기를 기뻐하신다 하셨습니까?(12장)

36. 내가 땅에 무엇을 던지러 왔다고 하셨습니까?(12장)

37. 열여덟 해 동안 귀신 들려 꼬부라진 여인을 누구의 딸이라 하시면서 안식일에 사탄에게 매인 것을 풀어 고쳐주시는 것이 합당하다고 하셨습니까?(13장)

38. 갚을 것이 없는 가난한 자들에게 잔치를 베풀면 언제 갚음을 받는다고 하셨습니까?(14장)

39. 잔치 비유에서 여전히 자리가 남자 주인은 종에게 길과 산울타리 가로 나가서 어떻게 내 집을 채우라고 했습니까?(14장)

40. 누가 회개하면 하늘에서는 회개할 것 없는 의인 아흔아홉보다 더 기뻐합니까?(15장)

41. 무엇으로 친구를 사귀라 그리하면 그것이 없어질 때 그들이 너희를 영주할 처소로 영접하리라 하셨습니까?(16장)

42. 부자와 나사로의 비유에서 누구에게 듣지 아니하면 비록 죽은 자 가운데서 살아나는 자가 있을지라도 권함을 받지 않는다 하셨습니까?(16장)

43. 작은 자 중의 하나를 실족케 하면 차라리 무엇을 목에 매고 바다에 던져지는 것이 나으리라고 하셨습니까?(17장)

44. 이와 같이 너희도 명령 받은 것을 다 한 후에 이르기를 우리는 무엇이라 할 일을 한 것뿐이라고 말하라 하셨습니까?(17장)

45. 치료 받은 나병 환자 열 명 중 하나님께 영광을 돌리며 예수께 엎드려 감사했던 한 사람은 어디 사람이었습니까?(17장)

46. 예수님은 비유를 들어 하나님께서 그 밤낮 부르짖는 누구의 원한을 풀어 주지 아니하시겠느냐 하셨습니까?(18장)

47. 바리새인은 기도하면서 나는 이레에 몇 번 금식하고 소득의 십일조를 드린다 하였습니까?(18장)

48. 삭개오는 소유의 얼마를 가난한 자들에게 주겠다고 했습니까?(19장)

49. 보내심을 받은 자들이 가서 그 말씀하신 대로 나귀 새끼를 풀 때 그 임자들이 어찌 나귀를 푸느냐 하자 어떻게 대답했습니까?(19장)

50. 예루살렘에 입성하면서 제자의 온 무리가 찬송할 때 바리새인들이 당신의 제자들을 책망하소서 하자 예수님은 이 사람들이 침묵하면 무엇이 소리 지르리라고 하셨습니까?(19장)

51. 서기관과 대제사장들은 악한 포도원 농부의 비유가 누구를 가리켜 말씀하신 줄 알고 예수님을 즉시 잡으려고 했습니까?(20장)

52. 부활함을 얻기에 합당히 여김을 받은 자들은 다시 죽을 수 없고 누구와 동등하다고 하셨습니까?(20장)

53. 제자들에게 모든 대적이 능히 대항하거나 변박할 수 없는 무엇을 주신다고 하셨습니까?(21장)

54. 너희가 내 이름으로 말미암아 모든 사람에게 미움을 받을 것이나 너희의 무엇으로 너희의 영혼을 얻는다 하셨습니까?(21장)

55. 마지막 때에 사람들이 무엇을 생각하고 무서워 기절한다 하셨습니까?(21장)

56. 너희는 스스로 조심하라 그렇지 않으면 무엇 때문에 마음이 둔하여지고 뜻밖에 그날이 덫과 같이 너희에게 임하리라 하셨습니까?(21장)

57. 이러므로 너희는 장차 올 이 모든 일을 능히 피하고 인자 앞에 서도록 어떻게 하라 하셨습니까?(21장)

58. 예수께서 시몬에게 사탄이 너희를 밀 까부르듯 하려고 요구하였으나 너를 위하여 네 믿음이 떨어지지 않기를 기도하였노니 너는 돌이킨 후에 무엇을 하라 하셨습니까?(22장)

59. 헤롯과 빌라도가 전에는 원수였으나 예수님을 심문하는 당일에 무엇이 되었습니까?(23장)

60. 십자가를 지고 가시는 예수님을 따르며 슬피 우는 여자의 큰 무리들을 향해 예루살렘의 딸들아 나를 위해 울지 말고 누구를 위해 울라 하셨습니까?(23장)

61. 예수께서 숨지시기 전에 무엇이 한가운데가 찢어졌습니까?(23장)

62. 여자들이 부활하신 예수님을 전하자 누가 무덤에 달려가서 구부려 들여다보았습니까?(24장)

63. 예수께서 가까이 이르러 엠마오로 가는 제자들과 동행하시며 모세와 선지자의 글로 시작하여 모든 성경에 쓴 바 무엇을 자세히 설명하셨습니까?(24장)

64. 그들이 서로 말하되 길에서 우리에게 말씀하시고 무엇을 풀어주실 때 우리 속에서 마음이 뜨겁지 아니하더냐 했습니까?(24장)

65. 예수께서 승천하시기 전 제자들에게 내가 내 아버지께서 약속하신 것을 너희에게 보내리니 위로부터 어떻게 될 때까지 예루살렘 성에 머물라 하셨습니까?(24장)

요한복음

서론

저자 : 사도 요한
연대 : 주후 85~95년
목적 : 예수 그리스도의 신성과 영생과 사랑을 강조함
주제 : 예수 그리스도는 하나님의 아들이시다
요절 : 요한복음 20:31
개요 : 1. 서론(1:1~18)
2. 그의 백성을 위한 그리스도의 직무(1:19~12장)
3. 그의 제자들을 위한 그리스도의 직무(13~17장)
4. 온 세상을 위한 그리스도의 직무(18~21장)

학습문제

66. 그 안에 생명이 있었으니 이 생명은 무엇입니까?(1장)

67. 본래 하나님을 본 사람이 없으되 아버지 품 속에 있는 누가 나타내셨습니까?(1장)

68. 성전을 정화하시며 내 아버지의 집으로 어떤 집을 만들지 말라고 하셨습니까?(2장)

69. 이 성전을 헐라 내가 사흘 동안에 일으키라고 말씀하셨을 때 예수는 성전 된 무엇을 말씀하신 것입니까?(2장)

70. 빛이 세상에 왔으되 사람들이 왜 빛보다 어둠을 더 사랑한 것입니까?(3장)

71. 예수께서 이르시되 나의 양식은 나를 보내신 이의 뜻을 행하며 그의 일을 어떻게 하는 것이라 하셨습니까?(4장)

72. 예수께서 서른여덟 해 된 병자가 누운 것을 보시고 병이 벌써 오래된 줄 아시고 이르시되 일어나 무엇을 들고 걸어가라 하셨습니까?(5장)

73. 아버지께서 아무도 심판하지 아니하시고 심판을 다 아들에게 맡기신 것은 사람으로 아들을 어떻게 하기 위함입니까?(5장)

74. 나는 사람에게서 영광을 취하지 아니하노라 다만 무엇이 너희 속에 없음을 알았노라고 하셨습니까?(5장)

75. 오병이어의 이적 후에 무리가 예수님을 찾았던 까닭은 무엇이었습니까?(6장)

76. 나를 보내신 아버지께서 어떻게 하지 않으시면 아무도 내게 올 수 없다고 하셨습니까?(6장)

77. 예수께서 세상이 너희를 미워하지 아니하되 나를 미워하나니 이는 내가 세상의 일들을 어떻게 하시기 때문이라고 말씀하십니까?(7장)

78. 예수께서 나를 믿는 자는 성경에 이름과 같이 그 배에서 생수의 강이 흘러나오리라 하시니 이는 그를 믿는 자들이 받을 무엇을 가리켜 말씀하신 것입니까?(7장)

79. 바리새인들에게 우리 율법은 사람의 말을 듣고 그 행한 것을 알기 전에 심판하느냐고 말했던 사람은?(7장)

80. 예수께서 내가 가리니 너희가 나를 찾다가 어디 가운데서 죽겠고 내가 가는 곳에는 너희가 오지 못하리라 하셨습니까?(8장)

81. 눈을 뜬 맹인은 하나님이 죄인의 말을 듣지 아니하시고 경건하여 그의 뜻대로 행하는 자의 무엇을 들으시는 줄을 안다고 했습니까?(9장)

82. 예수님은 선한 목자시라 양을 위하여 무엇을 버린다고 하셨습니까?(10장)

83. 예수께서 나사로가 병들었다 하는 말을 들으시고 이르시되 이 병은 죽을 병이 아니라 하나님의 아들이 이로 말미암아 무엇을 받기 위한 것이라고 했습니까?(11장)

84. 관리 중에도 예수님을 믿는 자가 많지만 그들은 무엇을 당할까 두려워했습니까?(12장)

85. 예수께서 이제부터는 너희가 그를 알았고 또 보았느니라 하고 말씀하셨을 때 주여 아버지를 우리에게 보여 주옵소서 그리하면 족하겠

다고 말한 제자는?(14장)

86. 예수께서 너희가 나를 사랑하면 무엇을 지키리라 하셨습니까?(14장)

87. 그가 내 안에, 내가 그 안에 있으면 사람이 열매를 많이 맺지만 나를 떠나서는 어떻다고 하셨습니까?(15장)

88. 사람들이 너희를 출교할 뿐 아니라 때가 이르면 무릇 너희를 죽이는 자가 그것을 어떤 일로 생각한다고 하셨습니까?(16장)

89. 내가 떠나가는 것이 너희에게 유익이라 내가 떠나지 아니하면 누가 너희에게로 오시지 아니할 것이라 하셨습니까?(16장)

90. 아버지께서 아들에게 주신 모든 사람에게 영생을 주게 하시려고 무엇을 아들에게 주셨습니까?(17장)

91. "그들을 진리로 거룩하게 하옵소서"라고 기도하시며 무엇이 진리라고 하셨습니까?(17장)

92. 예수께서 눈을 들어 하늘을 우러러 이르시되 "아버지께서 내 안에, 내가 아버지 안에 있는 것같이 그들도 다 하나가 되어 우리 안에 있게 하사 세상으로 아버지께서 나를 어떻게 하신 것을 믿게 하옵소서"라고 하십니까?(17장)

93. 시몬 베드로가 칼을 가졌는데 그것을 빼어 오른편 귀를 베어버린 대제사장의 종은?(18장)

94. 빌라도가 네가 왕이 아니냐 물을 때 예수께서 네 말과 같이 내가 왕이니라 대답하시면서 무릇 무엇에 속한 자는 내 음성을 듣느니라 하고 말씀하셨습니까?(18장)

95. 빌라도가 예수를 놓으려고 힘썼으나 유대인들이 무릇 자기를 왕이라 하는 자는 누구를 반역하는 것이라고 소리 질렀습니까?(19장)

96. 빌라도가 패를 써서 십자가 위에 히브리와 로마와 헬라 말로 기록해 붙인 내용은?(19장)

97. 아리마대 사람 요셉은 예수의 제자이나 누가 두려워 그 사실을 숨겼습니까?(19장)

98. 부활하신 예수께서 오셨을 때 함께 있지 않은 제자는?(20장)

99. 부활하신 예수께서 도마에게 너는 나를 본 고로 믿느냐 이르시며 어떤 자들이 복되다고 하셨습니까?(20장)

100. 예수께서 이르시되 그물을 배 오른편에 던지라 그리하면 잡으리라 하시니 이에 제자들이 던졌더니 물고기가 많아 어떻게 되었습니까?(21장)

제3장 / 사도행전-로마서

사도행전

서론

저자 : 누가

연대 : 주후 61~63년경

목적 : 성령의 역사로 말미암아 복음이 예루살렘에서 시작해 땅 끝까지 전파되는 과정을 보여줌

주제 : 예수 그리스도는 살아 계신 주님이시다

요절 : 사도행전 1:8

개요 : 1. 교회의 탄생(1~2장)
2. 이적과 박해(3~7장)
3. 교회의 확장(8~12장)
4. 교회가 유대 공동체로부터 이방 세계로 뻗어감(13~28장)

학습문제

1. 누가가 먼저 쓴 글은 어떤 날까지의 일을 기록했습니까?(1장)

2. 부활하신 주님은 며칠 동안 제자들에게 하나님 나라의 일을 말씀하셨습니까?(1장)

3. 흰 옷 입은 두 사람은 예수님이 어떻게 오신다고 했습니까?(1장)

4. 자살한 가룟 유다 대신 사도로 제비 뽑힌 사람은?(1장)

5. 제자들이 방언으로 말하자 천하 각국에서 온 사람들이 우리의 각 언어로 무엇을 말함을 듣는다고 했습니까?(2장)

6. 유대인들이 누구의 손을 빌려 예수님을 못 박아 죽였습니까?(2장)

7. 베드로가 이르되 회개하여 예수 그리스도의 이름으로 세례를 받고 죄 사함을 받으면 각각 무엇을 받는다고 했습니까?(2장)

8. 믿는 사람들이 하나님을 찬미하며 온 백성에게 무엇을 받으니 주께서 구원받는 사람을 날마다 더하게 하셨습니까?(2장)

9. 성전 미문에 앉아 구걸하던, 나면서 못 걷게 된 이가 걷는 것과 하나님을 찬송함을 보고 온 백성이 어떻게 반응했습니까?(3장)

10. 하나님이 모든 선지자의 입을 통하여 그리스도의 어떤 일을 미리 알게 하신 것을 이와 같이 이루셨습니까?(3장)

11. 대제사장 문중은 베드로와 요한이 담대하게 말함을 보고 본래 어떤 사람으로 알았다가 이상히 여겼습니까?(4장)

12. 예수의 이름을 말하지 말고 가르치지 말라고 경고를 받자 베드로와 요한은 무엇을 말하지 않을 수 없다고 했습니까?(4장)

13. 헤롯과 본디오 빌라도는 하나님의 권능과 뜻대로 이루려고 무엇을 행하려고 이 성에 모였다고 했습니까?(4장)

14. 주의 사자가 옥에 갇힌 사도들을 끌어내면서 성전에 서서 무엇을 다 백성에게 말하라고 했습니까?(5장)

15. 가말리엘은 사도들의 사상과 소행이 하나님께로부터 났으면 그들을 무 뜨릴 수 없고 도리어 어떤 자가 된다고 했습니까?(5장)

16. 일곱 집사는 무엇이 충만하여 칭찬받는 사람이었습니까?(6장)

17. 일곱 집사 중 유대교에 입교했던 안디옥 사람은?(6장)

18. 스데반은 금송아지 우상을 만들었던 조상들을 하나님이 외면하사 무엇을 섬기는 일에 버려두셨다고 했습니까?(7장)

19. 스데반을 돌로 칠 때 증인들이 옷을 벗어 누구의 발 앞에 두었습니까?(7장)

20. 에디오피아 여왕 간다게의 국고를 맡은 내시에게 누가 성경을 가르쳐주었습니까?(8장)

21. 주께서 아나니아에게 다소 사람 사울을 찾으라 하실 때 사울은 무엇을 하고 있었습니까?(9장)

22. 아나니아가 안수해서 다시 보게 되자 사울은 일어나 무엇을 받았습니까?(9장)

23. 예루살렘의 제자들이 사울 사귀기를 두려워할 때 사울을 사도들에게 데려가 그가 겪은 일을 설명했던 사람은?(9장)

24. 욥바에서 선행과 구제를 심히 많이 했던 여 제자는?(9장)

25. 백부장 고넬료는 하나님을 경외하며 백성을 많이 구제하고 하나님께 항상 무엇을 했습니까?(10장)

26. 베드로가 가이사랴에 들어가니 고넬료는 어떤 사람들을 모아놓고 기다렸습니까?(10장)

27. 베드로가 고넬료에게 말씀을 전하고 예루살렘에 올라갔을 때 누가 비난했습니까?(11장)

28. 제자들은 어디에서 비로소 그리스도인이라 일컬음을 받게 되었습니까?(11장)

29. 글라우디오 때 천하에 큰 흉년이 들자 제자들이 유대에 사는 형제들에게 무엇을 보내기로 작정했습니까?(11장)

30. 바울과 바나바가 살라미에 이르러 유대인의 여러 회당에서 하나님의 말씀을 전할 때 누구를 수행원으로 두었습니까?(13장)

31. 요한은 어디에서 바울과 동행하는 자들을 떠나 예루살렘으로 돌아갔습니까?(13장)

32. 하나님이 지나간 세대에는 모든 민족으로 어디로 가게 방임하셨습니까?(14장)

33. 어디에서 온 유대인들이 무리를 충동해 바울을 돌로 쳐서 죽은 줄로 알고 시외로 끌어 내쳤습니까?(14장)

34. 예루살렘에서 많은 변론이 있은 후 베드로가 일어나 말하되 이방인들도 우리와 동일하게 무엇으로 구원받는다고 했습니까?(15장)

35. 야고보는 하나님이 이방인 중에서 자기 백성을 취하심을 처음으로 말한 사람이 누구라고 했습니까?(15장)

36. 사도와 장로와 온 교회가 바울과 바나바와 함께 안디옥으로 보내기로 결정한 사람은?(15장)

37. 바울이 여러 성으로 다녀갈 때 무엇을 주어 지키게 하니 여러 교회가 믿음이 굳건해지고 수가 늘어갔습니까?(16장)

38. 두아디라 시의 자색 옷감 장수로 바울 사도를 자기 집에 머물게 한 여자는?(16장)

39. 바울이 아덴에서 그 성에 우상이 가득한 것을 보고 어떻게 했습니까?(17장)

40. 하나님께서 정하신 사람으로 하여금 어떤 날을 작정하시고 그를 죽은 자 가운데서 다시 살려 모든 사람에게 믿을 만한 증거를 주셨습니까?(17장)

---

41. 바울이 아덴을 떠나 고린도에 이르러 이달리야로부터 새로 온 아굴라와 그 아내 브리스길라를 만나 생업이 같으므로 함께 살며 일을 했는데 그 생업은 무엇이었습니까?(18장)

---

42. 언변이 좋고 성경에 능통한 아볼로라 하는 유대인이 회당에서 담대히 말할 때 브리스길라와 아굴라가 듣고 데려다가 무엇을 더 정확하게 풀어 주었습니까?(18장)

---

43. 바울이 에베소에 와서 회당에 들어가 석 달 동안 담대히 하나님 나라에 관하여 강론하며 권면하되 어떤 사람들은 마음이 굳어 순종하지 않고 무리 앞에서 이 도를 비방하자 바울이 그들을 떠나 제자들을 따로 세우고 어디에서 날마다 강론했습니까?(19장)

---

44. 주 예수의 이름으로 악귀를 쫓다 오히려 악귀에게 상하여 도망한 사람들은?(19장)

---

45. 마술을 행하던 많은 사람이 그 책을 모아 가지고 와서 모든 사람 앞에서 불사르니 그 책값이 얼마였습니까?(19장)

---

46. 에베소에서 바울의 우상 반대 전도 때문에 은으로 아데미의 신상 모형을 만들어 파는 돈벌이에 방해를 받게 되자 소동을 일으킨 은장색은?(19장)

47. 바울이 밀레도에서 교회 장로들에게 말하되 나는 성령에 매여 예루살렘으로 가는데 거기서 무슨 일을 당할는지 알지 못하나 내가 달려갈 길과 하나님의 은혜의 복음을 증언하는 일을 마치려 함에는 무엇조차 조금도 귀한 것으로 여기지 아니하노라 하고 말했습니까?(20장)

48. 바울 사도는 자기가 떠난 후에 무엇이 들어와 그 양 떼를 아끼지 는다고 했습니까?(20장)

49. 바울의 띠를 가져다가 자기 수족을 잡아매고 예루살렘에서 이같이 유대인들이 바울을 결박해 이방인에게 넘겨준다고 예언한 선지자는?(21장)

50. 예루살렘에서 유대인들은 누가 바울과 함께 시내에 있는 것을 보고 바울 사도가 헬라인을 데리고 성전에 들어갔다고 소동했습니까?(21장)

51. 바울을 영내로 데려가라 명하고 유대인들이 무슨 일로 그에 대하여 떠드는지 알고자 하여 채찍질하며 심문하라 한 천부장은 바울이 어떤 사람인 줄 알고 결박한 것을 두려워했습니까?(22장)

52. 대제사장 아나니아가 바울 곁에 서 있는 사람들에게 그 입을 치라 명하니 바울 사도는 대제사장 아나니아를 무엇이라 부르며 하나님이 너를 치시리로다 했습니까?(23장)

53. 바울이 공회에서 외쳐 이르되 여러분 형제들아 나는 바리새인이요 또 바리새인의 아들이라 죽은 자의 소망 곧 부활로 말미암아 내가 심문을 받노라 한즉 바리새인과 사두개인 사이에 다툼이 생겨 무리가 나누어지니 사두개인은 다 없다 하고 바리새인들은 다 있다 한 것은 무엇입니까?(23장)

54. 큰 분쟁이 생기니 천부장은 군인을 명하여 내려가 무리 가운데서 바울을 빼앗아 영내로 들어가고 날이 새매 유대인들이 당을 지어 맹세하되 바울을 죽이기 전에는 어떻게 하겠다고 굳게 맹세했습니까?(23장)

55. 바울을 총독 벨릭스에게 무사히 보내기 위해 편지를 보낸 천부장은?(23장)

56. 변호사 더둘로는 벨릭스 앞에서 바울을 어떤 자라 하며 천하에 흩어진 유대인을 소요하게 한다고 고발했습니까?(24장)

57. 바울이 무엇을 강론하니 벨릭스가 두려워했습니까?(24장)

58. 이태가 지난 후 보르기오 베스도가 소임을 이어받자 벨릭스는 무엇을 얻고자 바울을 구류했습니까?(24장)

59. 아그립바 왕 앞에서 바울 사도는 주께서 자기를 이방인들에게 보내어 그 눈을 뜨게 하고 어둠에서 빛으로, 무엇에서 하나님께로 돌아오게 하셨다고 말했습니까?(26장)

60. 바울 사도가 죄수가 되어 아시아 해변 각처로 가는 배에 오를 때 데살로니가 사람 누가 함께했습니까?(27장)

61. 바울 사도가 이번 항해의 어려움을 말했음에도 백부장은 누구의 말을 더 믿었습니까?(27장)

62. 남풍이 순하게 불매 그들이 뜻을 이룬 줄 알고 닻을 감아 그레데 해변을 끼고 항해하더니 얼마 안 되어 섬 가운데로부터 무엇이 크게 일어났습니까?(27장)

63. 바울과 항해하던 자들은 어느 섬에서 구조되었습니까?(28장)

64. 독사가 바울의 손을 물고 있는 것을 보고 원주민들은 바울이 어떤 사람이라고 했습니까?(28장)

65. 로마에서 바울 사도는 유대인들을 청해 자신이 무엇으로 말미암아 쇠사슬에 매인 바 되었다고 했습니까?(28장)

로마서

서론

저자 : 바울 사도
연대 : 주후 58년
장소 : 고린도
수신자 : 로마에 있는 성도들
목적 : 율법과 복음에 대한 교리적 논리적 설명
주제 : 칭의는 하나님의 은혜이다
요절 : 로마서 1:17
개요 : 1. 하나님의 의와 구원(1~8장)
2. 하나님의 의와 이스라엘(9~11장)
3. 하나님의 의와 그리스도인의 실제 생활(12~16장)

학습문제

66. 로마에 있어 하나님의 사랑하심을 받고 무엇을 받은 모든 자에게 은혜와 평강이 있기를 원했습니까?(1장)

67. 창세로부터 그의 보이지 아니하는 것들 곧 그의 무엇이 그가 만드신 만물에 분명히 보여 알려졌습니까?(1장)

68. 혹 네가 무엇이 너를 인도하여 회개하심을 알지 못하여 그의 길이 참으심이 풍성함을 멸시하느냐고 하였습니까?(2장)

69. 악을 행하는 각 사람의 영에 무엇이 있습니까?(2장)

70. 유대인의 나음이 범사에 많으니 우선은 무엇을 맡은 것입니까?(3장)

71. 그러면 어떠하냐 우리는 나으냐 결코 아니라 유대인이나 헬라인이나 다 어디에 있다고 우리가 이미 선언하였느니라 하고 말합니까?(3장)

72. 이제는 율법 외에 무엇이 나타나서 율법과 선지자들에게 증거를 받았습니까?(3장)

73. 예수를 하나님이 그의 피로써 믿음으로 말미암는 무엇으로 세우셨습니까?(3장)

74. 만일 율법에 속한 자들이 상속자이면 무엇이 헛것이고 무엇은 파기되었습니까?(4장)

75. 상속자가 되는 그것이 무엇에 속하기 위하여 믿음으로 됩니까?(4장)

76. 우리가 믿음으로 의롭다 하심을 받았으니 우리 주 예수 그리스도로 말미암아 하나님과 무엇을 누리자고 하였습니까?(5장)

77. 우리가 아직 죄인 되었을 때에 그리스도께서 우리를 위하여 죽으심으로 하나님께서 무엇을 확증하셨습니까?(5장)

78. 우리가 알거니와 우리의 옛 사람이 예수와 함께 십자가에 못 박힌 것은 무엇이 죽어 다시는 죄에게 종노릇 하지 않는 것입니까?(6장)

79. 이제는 너희 지체를 의에게 종으로 내주어 무엇에 이르라고 하였습니까?(6장)

80. 죄가 기회를 타서 계명으로 말미암아 내 속에서 무엇을 이루었습니까?(7장)

81. 내가 원하는 바 선은 행하지 아니하고 도리어 원하지 아니하는 바 무엇을 행합니까?(7장)

82. 내 지체 속에서 한 다른 법이 내 마음의 법과 싸워 내 지체 속에 있는 무엇으로 나를 사로잡는 것을 봅니까?(7장)

83. 하나님의 법에 굴복하지 아니할 뿐 아니라 할 수도 없기 때문에 무엇이 하나님과 원수가 된다고 했습니까?(8장)

84. 너희가 육신대로 살면 반드시 죽을 것이로되 영으로써 무엇을 죽이면 삽니까?(8장)

85. 우리 곧 성령의 처음 익은 열매를 받은 우리까지도 속으로 탄식하여 양자 될 것 곧 무엇을 기다린다고 했습니까?(8장)

86. 하나님이 미리 아신 자들을 무엇을 본받게 하기 위하여 미리 정하셨습니까?(8장)

87. 육신의 자녀가 아니요 오직 누가 씨로 여기심을 받았습니까?(9장)

88. 내가 증언하노니 그들(이스라엘)이 하나님께 열심이 있으나 무엇을 따른 것이 아니라고 했습니까?(10장)

89. 하나님이 모든 사람을 순종하지 아니하는 가운데 두심은 모든 사람에게 무엇을 베풀려 하셨습니까?(11장)

90. 너희 몸을 하나님이 기뻐하시는 산 제물로 드리는 것이 이는 너희가 드리는 무엇이라고 했습니까?(12장)

91. 서로 마음을 같이하며 높은 데 마음을 두지 말고 도리어 낮은 데 처하며 어떻게 하지 말라고 했습니까?(12장)

92. 권세를 거스르는 자는 무엇을 거스름입니까?(13장)

93. 피차 어떤 빚 외에 아무에게든지 아무 빚도 지지 말라고 했습니까?(13장)

94. 오직 주 예수 그리스도로 옷 입고 정욕을 위하여 무엇을 도모하지 말라고 했습니까?(13장)

95. 그리스도를 섬기는 자는 하나님을 기쁘시게 하며 사람에게도 칭찬을 받으므로 우리가 화평의 일과 서로 무엇을 힘쓴다고 했습니까?(14장)

96. 무엇이든지 전에 기록된 바는 우리의 무엇을 위한 것입니까?(15장)

97. 바울 사도는 예루살렘으로부터 두루 행하여 일루리곤까지 무엇을 편만하게 전했습니까?(15장)

98. 바울 사도는 내가 너희에게 나아갈 때에 그리스도의 무엇을 가지고 갈 줄을 아노라고 했습니까?(15장)

99. 바울 사도는 그리스도 예수 안에서 나의 동역자들인 브리스가와 아굴라는 내 목숨을 위하여 무엇까지도 내놓았다고 했습니까?(16장)

100. 누가 바울의 편지를 기록했습니까?(16장)

고린도전서

서론

저자 : 바울 사도
연대 : 주후 56년
장소 : 3차 여행 중 에베소
수신자 : 고린도 교회의 성도들
목적 : 교회 안의 여러 문제들을 해결하기 위함
주제 : 하나님의 부르심은 우리가 그의 아들 예수 그리스도와 교제하게 하시기 위한 것이다
요절 : 고린도전서 1:9
개요 : 1. 고린도 교회 안의 죄(1~6장)
2. 결혼에 대한 바울의 대답(7장)
3. 우상 숭배에 대한 바울의 대답(8~10장)
4. 영적 은사와 부활에 대한 바울의 대답(11~15장)
5. 유대인을 위한 특별 헌금에 대한 권면과 문안(16장)

학습문제

1. 바울과 함께 누가 바울의 형제로 은혜와 평강을 기원했습니까?(1장)

---

2. 누구 외에는 너희 중 아무에게도 세례를 베풀지 아니한 것을 감사한다고 했습니까?(1장)

---

3. 하나님께서 무엇으로 믿는 자들을 구원하시기를 기뻐하셨습니까? (1장)

4. 내 말과 내 전도함이 설득력 있는 지혜의 말로 하지 아니하고 다만 무엇으로 했다 하였습니까?(2장)

5. 오직 하나님이 성령으로 이것을 우리에게 보이셨으니 성령은 모든 것 곧 무엇까지도 통달하 니까?(2장)

6. 너희 가운데 무엇이 있으니 어찌 육신에 속하여 사람을 따라 행함이라고 했습니까?(3장)

7. 누구든지 그 공적이 불타면 해를 받으나 자신은 구원을 받되 어디서 받은 것 같으리라고 했습니까?(3장)

8. 이 세상에서 지혜 있는 줄로 생각하거든 어떤 자가 되어야 지혜로운 자가 된다고 했습니까?(3장)

9. 내가 생각하건대 하나님이 사도인 우리를 죽이기로 작정된 자같이 끄트머리에 두셨으매 우리는 세계 곧 천사와 사람의 무엇이 되었노라고 했습니까?(4장)

10. 주께서 허락하시면 내가 너희에게 속히 나아가서 교만한 자들의 말이 아니라 오직 무엇을 알아보겠다고 했습니까?(4장)

11. 이러므로 우리가 명절을 지키되 누룩이 없이 오직 어떤 떡으로 하

자고 했습니까?(5장)

12. 누가 세상을 판단할 것을 너희가 알지 못하느냐고 했습니까?(6장)

13. 너희가 피차 고발함으로 너희 가운데 이미 무엇이 있다고 했습니까?(6장)

14. 음식은 배를 위하고 배는 음식을 위해 있으나 몸은 음란을 위하지 고 누구를 위해 있다고 했습니까?(6장)

15. 주 안에서 부르심 받은 자는 종이라도 어떤 사람이라고 했습니까?(7장)

16. 내 생각에는 이것이 좋으니 곧 무엇으로 말미암아 사람이 그냥 지내는 것이 좋다고 했습니까?(7장)

17. 그런즉 너희의 자유가 어떤 자들에게 걸려 넘어지게 하는 것이 되지 않도록 조심하라고 했습니까?(8장)

18. 밭 가는 자는 소망을 가지고 갈며 곡식 떠는 자는 어떤 소망을 가지고 떠는 것입니까?(9장)

19. 내가 복음을 전할지라도 왜 자랑할 것이 없다고 했습니까?(9장)

20. 내가 모든 사람에게 자유로우나 더 많은 사람을 얻고자 스스로 모든 사람에게 무엇이 되었다고 했습니까?(9장)

21. 이기기를 다투는 자마다 모든 일에 무엇을 합니까?(9장)

22. 무릇 이방인이 제사하는 것은 누구에게 하는 것입니까?(10장)

23. 무엇을 하든지 다 하나님의 영광을 위하여 유대인이나 헬라인이나 하나님의 교회에나 어떤 자가 되지 말라고 했습니까?(10장)

24. 남자는 하나님의 무엇이라 그 머리를 마땅히 가리지 않는다고 했습니까?(11장)

25. 여자의 긴 머리는 자기에게 영광이 되나니 긴 머리는 무엇을 대신해 주신 것입니까?(11장)

26. 만찬에 참여할 때 먼저 무엇을 하고 그 후에 떡을 먹고 잔을 마시라고 했습니까?(11장)

27. 각 사람에게 성령을 나타내심은 어떻게 하려 하심입니까?(12장)

28. 오직 하나님이 몸을 고르게 하여 부족한 지체에게 무엇을 더하사 몸 가운데서 분쟁이 없고 여러 지체가 서로 돌보게 하셨습니까?(12장)

29. 교회에서 남을 가르치기 위하여 무엇으로 다섯 마디 말을 하는 것이 일만 마디 방언보다 낫습니까?(14장)

30. 온 교회가 함께 모여 다 방언으로 말하면 알지 못하는 자들이나 믿지 아니하는 자들이 들어와서 어떻다고 하지 않겠느냐고 했습니

까?(14장)

31. 만일 누가 방언으로 말하거든 두 사람이나 많아야 세 사람이 무엇을 따라 하고 누가 없으면 교회에서는 잠잠하고 자기와 하나님께 말할 것이라고 했습니까?(14장)

32. 그리스도께서는 무엇대로 우리 죄를 위해 죽으시고 사흘 만에 다시 살아나셨습니까?(15장)

33. 만일 죽은 자가 다시 살아나는 일이 없으면 그리스도도 무엇이 없었을 것입니까?(15장)

34. 맨 나중에 멸망 받을 원수는 무엇입니까?(15장)

35. 형제들아 내가 이것을 말하노니 무엇이 하나님 나라를 이어받을 수 없다고 했습니까?(15장)

36. 보라 내가 너희에게 비밀을 말하노니 우리가 다 잠잘 것이 아니요 무엇에 순식간에 홀연히 다 변화된다고 했습니까?(15장)

37. 바울은 친필로 문안할 때 누구든지 주를 어떻게 하면 저주를 받을 것이라고 했습니까?(16장)

고린도후서

서론

저자 : 사도 바울
연대 : 주후 56년
장소 : 마게도냐
수신자 : 고린도 교회의 성도들
목적 : 바울에 대한 오해를 시정하고 사도권을 변호함
주제 : 하나님은 주 예수 그리스도의 하나님이시요 자비의 아버지시요 모든 위로의 하나님이시다
요절 : 고린도후서 1:3
개요 : 1. 자신의 직무와 계획 변경에 대한 바울의 설명(1~7장)
2. 유대의 교회를 위한 바울의 설명(8~9장)
3. 협력의 권면과 바울의 사도권 옹호(10~13장)

학습문제

38. 그리스도의 고난이 우리에게 넘친 것같이 무엇도 그리스도로 말미암아 넘친다고 했습니까?(1장)

---

39. 무엇으로 얻은 은사로 말미암아 많은 사람이 우리를 위하여 감사하게 하려 함이라고 했습니까?(1장)

---

40. 하나님의 약속은 얼마든지 그리스도 안에서 무엇이 되니 그런즉 그로 말미암아 우리가 무엇 하여 하나님께 영광 돌리게 됩니까?(1장)

---

41. 내가 마음에 큰 눌림과 걱정이 있어 무엇으로 너희에게 썼다고 했습니까?(2장)

42. 드로아에서 복음을 위한 문이 열렸지만 누구를 만나지 못해 마게도냐로 갔습니까?(2장)

43. 너희는 우리로 말미암아 나타난 무엇이니 이는 먹이 아니라 오직 살아 계신 하나님의 영으로 쓴 것이라고 했습니까?(3장)

44. 오늘까지 모세의 글을 읽을 때 무엇이 그 마음을 덮었다고 했습니까?(3장)

45. 이 세상의 신이 누구의 마음을 혼미하게 하여 그리스도의 영광의 복음의 광채가 비추지 못하게 합니까?(4장)

46. 참으로 우리가 여기 있어 무엇으로 덧입기를 간절히 사모한다고 했습니까?(5장)

47. 그런즉 우리는 몸으로 있든지 떠나 있든지 어떤 자가 되기를 힘쓴다고 했습니까?(5장)

48. 진리의 말씀과 하나님의 능력으로 무엇을 좌우에 가지라고 했습니까?(6장)

49. 마게도냐에 도착했을 때 사방으로 환난을 당해 밖으로는 무엇이요 안으로는 무엇이었다고 했습니까?(7장)

50. 하나님의 뜻대로 하는 근심은 무엇이 없는 구원에 이르게 하는 회개를 이룹니까?(7장)

51. 바울 사도가 디도의 기쁨으로 더욱 많이 기뻐함은 그의 마음이 너희 무리로 말미암아 무엇을 얻어서였습니까?(7장)

52. 마게도냐 교회는 환난의 많은 시련 가운데서 무엇을 넘치도록 했습니까?(8장)

53. 우리 주 예수 그리스도의 은혜를 너희가 알거니와 부요하신 이로서 너희를 위해 가난하게 되심은 그의 가난함으로 말미암아 너희를 어떻게 하려 하심입니까?(8장)

54. 무엇만 있으면 있는 대로 받으실 터이요 없는 것은 받지 않는다 하셨습니까?(8장)

55. 각각 그 마음에 정한 대로 할 것이요 인색함으로나 억지로 하지 말지니 하나님은 어떤 자를 사랑하십니까?(9장)

56. 우리는 누구와 더불어 감히 짝하며 비교할 수 없노라고 했습니까?(10장)

57. 내가 너희를 무엇으로 한 남편인 그리스도께 드리려고 중매한다고 했습니까?(11장)

58. 바울 사도가 고린도에서 비용이 부족했을 때 누가 그 부족을 보충했습니까?(11장)

59. 누가 자기를 의의 일꾼으로 가장하는 것이 또한 대단한 일이 아니라고 했습니까?(11장)

60. 아직도 날마다 내 속에 눌리는 일이 있으니 곧 무엇을 위해 염려하는 것이라고 했습니까?(11장)

61. 여러 계시를 받은 것이 지극히 크므로 자만하지 않도록 육체에 가시 곧 무엇을 주셨다고 했습니까?(12장)

62. 바울 사도는 나의 여러 약한 것들에 대하여 자랑하리니 이는 무엇이 내게 머물게 하려 함이라고 했습니까?(12장)

63. 예수 그리스도께서 너희 안에 계신 줄 스스로 알지 못하면 너희는 어떤 자라고 했습니까?(13장)

64. "주 예수 그리스도의 은혜와 하나님의 사랑과 무엇이 너희 무리와 함께 있을지어다"라고 했습니까?(13장)

제4장 / 고린도전서-빌립보서

갈라디아서

서론

저자 : 사도 바울
연대 : 주후 57년경
장소 : 고린도
수신자 : 갈라디아 교회의 성도들
목적 : 믿음으로 의롭게 되고 구원 얻음을 변호하고 강조함
주제 : 구원과 자유는 하나님의 은혜이다
요절 : 갈라디아서 5:1
개요 : 1. 바울의 복음 옹호(1~2장)
2. 율법과 은혜의 관계(3~4장)
3. 일상생활에서의 은혜와 자유를 향유하는 방법(5~6장)

학습문제

65. 우리나 혹은 천사라도 다른 복음을 전하면 무엇을 받습니까?(1장)

66. 내가 지금까지 무엇을 구하였다면 그리스도의 종이 아니라고 했습니까?(1장)

67. 십사 년 후에 바나바와 함께 디도를 데리고 다시 예루살렘에 올라갈 때 무엇을 따라 올라갔다고 했습니까?(2장)

68. 헬라인 디도까지도 억지로 할례를 받게 하지 않은 것은 가만히 들어온 누구 때문이라고 했습니까?(2장)

69. 기둥같이 여기는 야고보와 게바와 요한도 내게 주신 은혜를 알므로 무엇을 했다고 했습니까?(2장)

70. 그런즉 믿음으로 말미암은 자들은 누구의 자손인 줄 알라고 했습니까?(3장)

71. 그리스도께서 우리를 위하여 저주를 받은 바 되사 무엇에서 우리를 속량하셨습니까?(3장)

72. 율법은 우리를 그리스도께로 인도하는 무엇이 되어 우리로 하여금 믿음으로 말미암아 의롭다 함을 얻게 합니까?(3장)

73. 예수께서 율법 아래에 나신 것은 율법 아래에 있는 자들을 속량하시고 우리로 무엇을 얻게 하려 하심입니까?(4장)

74. 내가 너희에게 증언하노니 할 수만 있었더라면 너희의 무엇이라도 빼어 나에게 주었으리라고 했습니까?(4장)

75. 나의 자녀들아 너희 속에 무엇을 이루기까지 다시 너희를 위하여 해산하는 수고를 한다고 했습니까?(4장)

76. 그리스도께서 우리를 자유롭게 하시려고 자유를 주셨으니 그러므로 굳건하게 서서 다시는 무엇을 메지 말라고 했습니까?(5장)

77. 형제들아 너희가 자유를 위하여 부르심을 입었으나 그 자유로 육체의 기회를 삼지 말고 오직 무엇으로 서로 종노릇하라고 했습니까?(5장)

78. 가르침을 받는 자는 누구와 모든 좋은 것을 함께 하라 했습니까?(6장)

79. 우리는 기회 있는 대로 모든 이에게 착한 일을 하되 더욱 누구에게 해야 합니까?(6장)

에베소서

서론

저자 : 사도 바울
연대 : 주후 62년경
장소 : 로마에서 1차 투옥 중
수신자 : 에베소와 각 지역에 흩어져 있는 교회들
목적 : 만유를 통일하시는 그리스도께서 교회의 머리이시며 성도들의 삶이 그리스도 안에서 통일되도록 함
주제 : 하나님은 교회를 통해 일하신다
요절 : 에베소서 2:8
개요 : 1. 그리스도인의 삶과 교리의 균형(1~3장)
2. 그리스도인의 의무(4~6장)

학습문제

80. 그 뜻의 비밀을 우리에게 알리신 것은 그의 기뻐하심을 따라 그리스도 안에서 무엇을 위해 예정하신 것입니까?(1장)

81. 바울 사도는 영광의 아버지께서 무엇을 너희에게 주사 하나님을 알게 하시라고 기도했습니까?(1장)

82. 공중의 권세 잡은 자는 곧 지금 어떤 사람들 가운데서 역사하는 영입니까?(2장)

83. 그는 우리의 화평이신지라 둘로 하나를 만드사 원수 된 것 곧 무엇을 자기 육체로 허셨습니까?(2장)

84. 우리가 그 안에서 그를 믿음으로 말미암아 담대함과 확신을 가지고 무엇을 얻습니까?(3장)

85. 바울은 무릎 꿇고 그의 성령으로 말미암아 너희 무엇을 능력으로 강건하게 해주시기를 기도했습니까?(3장)

86. 우리가 다 하나님의 아들을 믿는 것과 아는 일에 하나가 되어 온전한 사람을 이루어 무엇이 충만한 데까지 이른다고 했습니까?(4장)

87. 분을 내어도 죄를 짓지 말며 해가 지도록 분을 품지 말고 누구에게 틈을 주지 말아야 합니까?(4장)

88. 누추함과 어리석은 말이나 희롱의 말이 마땅치 아니하니 오히려 어떤 말을 하라고 했습니까?(5장)

89. 너희가 전에는 어둠이었으나 이제는 주 안에서 빛이니 어떻게 행하라고 했습니까?(5장)

90. 어리석은 자가 되지 말고 오직 무엇을 이해하라고 했습니까?(5장)

91. 우리 주 예수를 어떻게 하는 모든 자에게 은혜가 있을지라고 했습니까?(6장)

빌립보서

서론

저자 : 사도 바울
연대 : 주후 62~63년
장소 : 로마 옥중
수신자 : 빌립보에 있는 교회
목적 : 옥중에 있는 자신의 근황을 알리며 성도들이 한 마음으로 연합할 것을 교훈
주제 : 우리의 직무는 그리스도와 복음을 전하는 것이다
요절 : 빌립보서 4:19
개요 : 1. 그리스도는 우리의 직무의 메시지(1장)
2. 그리스도는 우리의 직무의 모본(2장)
3. 그리스도는 우리의 직무의 동기(3장)
4. 그리스도는 우리의 직무의 수단(4장)

학습문제

92. 내가 너희 무리를 위하여 기쁨으로 항상 간구함은 너희가 첫날부터 이제까지 어떤 일에 참여하고 있기 때문이라고 했습니까?(1장)

93. 내가 무엇으로 너희 무리를 얼마나 사모하는지 하나님이 내 증인이시라고 했습니까?(1장)

94. 그리스도를 위하여 너희에게 은혜를 주신 것은 다만 그를 믿을 뿐 아니라 또한 그를 위하여 무엇도 받게 하려 하심입니까?(1장)

95. 아무 일에든지 무엇으로 하지 말고 오직 겸손한 마음으로 각각 자기보다 남을 낫게 여기라고 했습니까?(2장)

96. 모든 일을 무엇이 없이 하라고 했습니까?(2장)

97. 자기가 병든 것을 성도들이 들은 줄을 알고 심히 근심했던 사람은?(2장)

98. 바울 사도는 푯대를 향하여 그리스도 예수 안에서 하나님이 위에서 부르신 무엇을 위해 달려간다고 했습니까?(3장)

99. 주께서 가까우시니 너희 무엇을 모든 사람에게 알게 하라고 했습니까?(4장)

100. 내가 선물을 구함이 아니요 오직 너희에게 유익하도록 무엇을 구함이라고 했습니까?(4장)

제5장 / 골로새서-야고보서

골로새서

서론

저자 : 사도 바울
연대 : 주후 62년경
장소 : 로마 옥중
수신자 : 골로새와 라오디게아의 성도들
목적 : 교회 내의 이단을 배격하고 바른 기독론을 확립함
주제 : 예수 그리스도는 만물의 으뜸이시다
요절 : 골로새서 1:18
개요 : 1. 그리스도는 창조주, 구세주, 주님(1~2장)
2. 신자가 일생생활 속에서 그리스도의 초월성을 실현하는 방법(3~4장)

학습문제

1. 골로새 교회의 성도들은 누구에게 배웠습니까?(1장)

2. 그는 몸인 교회의 머리시라 그가 근본이시요 죽은 자들 가운데서 먼저 나신 이니 이는 친히 무엇이 되려 하심입니까?(1장)

3. 이 비밀은 너희 안에 계신 그리스도시니 곧 무엇이라고 했습니까?(1장)

4. 그리스도 안에는 무엇이 육체로 거하시고 너희도 그 안에서 충만하여졌다고 했습니까?(2장)

5. 아무도 무엇과 천사숭배를 이유로 너희를 정죄하지 못하게 하라 고 했습니까?(2장)

6. 모든 것 위에 사랑을 더하라 이는 무엇이라고 했습니까?(3장)

7. 무슨 일을 하든지 마음을 다하여 주께 하듯 하고 사람에게 하듯 하지 말 것은 무엇을 주께 받을 줄 알기 때문입니까?(3장)

8. 바울은 특별히 누구를 보내 자신들의 사정을 알게 하고 너희의 마음을 위로하게 한다고 했습니까?(4장)

9. 이 편지를 읽은 후에 어디 교회에서도 읽게 하라고 했습니까?(4장)

제5장 / 골로새서-야고보서

데살로니가전서

서론

저자 : 바울 사도
연대 : 주후 51년경
장소 : 고린도
수신자 : 데살로니가 교회의 성도들
목적 : 성도의 신앙을 격려하고 경건한 삶의 교훈을 주고 성도의 죽음에 대해 정확한 지식을 주기 위함
주제 : 주의 날을 위해 깨어 정신을 차리라
요절 : 데살로니가전서 5:8
개요 : 1. 데살로니가에서의 바울의 직무(1~2장)
2. 디모데의 보고와 바울의 기도(3장)
3. 그리스도인의 삶과 재림에 대한 바울의 가르침(4~5장)

학습문제

10. 너희 믿음의 역사와 사랑의 수고와 예수 그리스도에 대한 소망의 인내를 하나님 아버지 앞에서 어떻게 한다고 했습니까?(1장)

---

11. 하나님을 향하는 너희 무엇이 각처에 퍼졌으므로 우리는 아무 말도 할 것이 없다고 했습니까?(1장)

---

12. 우리는 그리스도의 사도로서 권위를 주장할 수 있으나 도리어 어떤 자가 되어 유모가 자기 자녀를 기름같이 하였다고 했습니까?(2장)

---

13. 우리가 이같이 너희를 사모하며 하나님의 복음뿐 아니라 무엇까지도 주기를 기뻐했다고 했습니까?(2장)

14. 유대인들은 이방인에게 말하여 구원받게 함을 금하여 무엇을 항상 채워 노하심이 끝까지 그들에게 임했습니까?(2장)

15. 우리가 너희와 함께 있을 때에 무엇을 미리 말하였는데 과연 그렇게 된 것을 너희가 안다고 했습니까?(3장)

16. 주야로 심히 간구함은 너희 얼굴을 보고 너희 믿음이 부족한 것을 어떻게 하려 함이라고 했습니까?(3장)

17. 또 너희에게 명한 것같이 조용히 무엇을 하고 너희 손으로 무엇을 힘쓰라고 했습니까?(4장)

18. 주께서 호령과 천사장의 소리와 무엇으로 친히 하늘로부터 강림하십니까?(4장)

19. 형제들아 너희는 무엇에 있지 아니하매 그날이 도둑같이 너희에게 임하지 못한다고 했습니까?(5장)

20. 우리는 낮에 속하였으니 정신을 차리고 믿음과 사랑의 무엇을 붙이고 구원의 소망의 투구를 쓰자고 했습니까?(5장)

21. 범사에 헤아려 무엇을 취하라고 했습니까?(5장)

제5장 / 골로새서-야고보서

데살로니가후서

서론

저자 : 바울 사도
연대 : 주후 51년경
장소 : 고린도
수신자 : 데살로니가 교회의 성도들
목적 : 박해받는 성도를 격려하고 재림에 대한 왜곡을 시정하기 위함
주제 : 쉽게 마음이 흔들리거나 두려워하지 말아야 한다
요절 : 데살로니가후서 2:2
개요 : 1. 개인적인 격려(1장)
2. 데살로니가 교인들의 교리적인 교정(2장)
3. 바울의 실제적인 권면과 축복(3장)

학습문제

22. 박해와 환난 중에서 너희 인내와 믿음으로 말미암아 하나님의 여러 교회에서 우리가 친히 무엇을 한다고 했습니까?(1장)

23. 환난을 받는 너희에게는 우리와 함께 무엇으로 갚으시는 것이 하나님의 공의시라고 했습니까?(1장)

24. 먼저 배교하는 일이 있고 저 불법의 사람 곧 누가 나타나기 전에는 그날이 이르지 않는다고 했습니까?(2장)

25. 무엇이 이미 활동하였으나 지금은 그것을 막는 자가 있다고 했습니까?(2장)

26. 하나님이 무엇을 그들(멸망하는 자들)에게 보내사 거짓 것을 믿게 하십니까?(2장)

27. 우리를 위해 기도하기를 어떤 사람들에게서 건지시옵소서 하라고 했습니까?(3장)

28. 주께서 너희 마음을 인도하여 하나님의 사랑과 무엇에 들어가게 하시기를 원한다고 했습니까?(3장)

29. 게으르고 일하지 않는 자들에게 명하고 주 예수 그리스도 안에서 권하기를 조용히 일하여 무엇을 먹으라고 했습니까?(3장)

제5장 / 골로새서-아고보서

디모데전서

서론

저자 : 바울 사도

연대 : 주후 62~63년경

장소 : 마게도냐

수신자 : 디모데

목적 : 에베소 교회의 목회를 격려하고 지도하며 영지주의 이단을 배척하도록 함

주제 : 하나님과 사람 사이에 중보자는 사람이신 그리스도 예수이시다

요절 : 디모데전서 2:5

개요 : 1. 하나님의 교회(1~3장)
2. 목사의 직무(4~5장)
3. 바울의 마지막 권면(6장)

학습문제

30. 바울은 믿음 안에서 무엇이 된 디모데에게 편지합니까?(1장)

---

31. 바울 사도가 디모데를 에베소에 머물게 한 것은 어떤 사람들을 명하여 다른 교훈을 가르치지 말며 무엇에 몰두하지 말게 함이었습니까?(1장)

---

32. 나를 능하게 하신 예수 우리 주께 감사함은 나를 충성되이 여겨 내게 무엇을 맡기심이라고 했습니까?(1장)

---

33. 그러나 내가 긍휼을 입은 까닭은 예수 그리스도께서 내게 먼저 일체 오래 참으심을 보이사 그 후에 어떤 자들에게 본이 되게 하심이라고 했습니까?(1장)

34. 아들 디모데야 내가 네게 이 교훈으로써 명하노니 전에 너를 지도한 무엇을 따라 그것으로 선한 싸움을 싸우라고 했습니까?(1장)

35. 임금들과 높은 지위에 있는 모든 사람을 위해 기도하는 것은 우리가 모든 경건과 단정함으로 어떤 생활을 하려 함이라고 했습니까?(2장)

36. 그러므로 각처에서 남자들이 분노와 다툼이 없이 무엇을 들어 기도하기를 원한다고 했습니까?(2장)

37. 사람이 감독의 직분을 얻으려 함은 무엇을 사모하는 것입니까?(3장)

38. 감독은 비방과 마귀의 올무에 빠질까 염려하여 외인에게서도 무엇을 얻은 자라야 합니까?(3장)

39. 또 감독은 깨끗한 양심에 무엇을 가진 자라야 합니까?(3장)

40. 믿음에서 떠나 미혹하는 영과 귀신의 가르침을 따르는 자들은 자기 양심이 무엇을 맞아 외식함으로 거짓말하는 자들입니까?(4장)

41. 망령되고 허탄한 신화를 버리고 무엇에 이르도록 네 자신을 연단하라고 했습니까?(4장)

42. 이 모든 일에 전심전력하여 너의 무엇을 모든 사람에게 나타나게 하라고 했습니까?(4장)

43. 누구든지 자기 친족 특히 자기 가족을 돌보지 아니하면 믿음을 배반한 자요 누구보다 더 악한 자라고 했습니까?(5장)

44. 아무에게나 경솔히 무엇을 하지 말고 다른 사람의 죄에 간섭하지 말며 네 자신을 지켜 정결하게 하라고 했습니까?(5장)

45. 마음이 부패하여지고 진리를 잃어버려 경건을 무엇으로 생각하는 자들의 다툼이 일어난다고 했습니까?(6장)

46. 어떤 자들이 시험과 올무와 여러 가지 어리석고 해로운 욕심에 떨어집니까?(6장)

제5장 골로새서-야고보서

디모데후서

서론

저자 : 바울 사도
연대 : 주후 66년경
장소 : 2차 로마 옥중에서
수신자 : 디모데
목적 : 거짓 교사들로부터 복음의 진리를 지키도록 디모데에게 용기와 격려를 주기 위함.
주제 : 목자는 자신의 직무에 신실해야 한다
요절 : 디모데후서 3:16
개요 : 1. 주 안에서 강하라는 디모데에 대한 바울의 권면(1~2장)
2. 위험한 때의 설명(3장)
3. 직무에 대한 권면(4장)

학습문제

47. 바울 사도는 네 무엇을 생각하며 너 보기를 원한다고 했습니까?(1장)

48. 하나님이 우리에게 주신 것은 두려워하는 마음이 아니요 오직 능력과 사랑과 어떤 마음입니까?(1장)

49. 원하건대 주께서 누구의 집에 긍휼을 베풀어주시라고 했습니까?(1장)

50. 그들의 말이 악성 종양이 퍼져나감과 같은데 그중에 누가 있다고 했습니까?(2장)

51. 말세에 고통당하는 때가 이르면 사람들은 자기를 사랑하며 무엇을 사랑합니까?(3장)

52. 누가 모세를 대적했다고 했습니까?(3장)

53. 성경은 능히 너로 하여금 그리스도 예수 안에 있는 믿음으로 말미암아 무엇이 있게 한다고 했습니까?(3장)

54. 때가 이르리니 사람이 바른 교훈을 받지 아니하며 귀가 가려워서 무엇을 따를 스승을 많이 둔다고 했습니까?(4장)

55. 누가 이 세상을 사랑해 나를 버리고 데살로니가로 갔다고 했습니까?(4장)

제5장 / 골로새서-야고보서

디도서

서론

저자 : 바울 사도
연대 : 주후 66년경
장소 : 마게도냐
수신자 : 디도
목적 : 그레데 교회의 질서를 바로잡도록 디도를 격려하기 위함
주제 : 선행은 구원의 증거이다
요절 : 디도서 1:15
개요 : 1. 거짓 선생에 대한 권면(1장)
2. 지교회 안의 여러 계층에 관한 권면(2장)
3. 신자의 경건한 생활에 관한 권면(3장)

학습문제

56. 하나님께서 자기 때에 자기의 말씀을 무엇으로 나타내셨다고 했습니까?(1장)

57. 디도를 그레데에 남겨 둔 이유는 각 성에 누구를 세우게 하려 함이었습니까?(1장)

58. 불순종하고 헛된 말을 하며 속이는 자가 많은 중 어디에 특히 그러하다고 했습니까?(1장)

59. 이 증언(그레데인 중의 어떤 선지자의 증언)이 참되도다 그러므로 네가 그들을 어떻게 하라고 했습니까?(1장)

60. (종들은) 훔치지 말고 오히려 참된 신실성을 나타나게 하라 이는 범사에 무엇을 빛나게 하려 함이라고 했습니까?(2장)

61. 우리를 구원하시되 우리가 행한 바 의로운 행위로 말미암지 아니하고 오직 그의 긍휼하심을 따라 무엇과 성령의 새롭게 하심으로 하셨습니까?(3장)

62. 이단에 속한 사람을 한두 번 훈계한 후 어떻게 하라고 했습니까?(3장)

제5장 / 골로새서-야고보서

빌레몬서

서론

저자 : 바울 사도
연대 : 주후 62년경
장소 : 1차 로마 옥중에서
수신자 : 빌레몬
목적 : 도망쳐 나온 종 오네시모를 용서하고 형제로 맞이하도록 권면
주제 : 하나님을 사랑하는 자에게는 모든 것이 합력하여 선을 이룬다
요절 : 빌레몬서 1:18
개요 : 1. 인사(1~3절)
2. 빌레몬에 대한 감사(4~7절)
3. 오네시모를 위한 부탁(8~21절)
4. 바울의 문안(22~25절)

학습문제

63. 어디에 있는 교회에 편지한다고 했습니까?(1장)

64. 이 후로는 (오네시모를) 종과 같이 대하지 아니하고 종 이상으로 곧 어떻게 둘 자라고 했습니까?(1장)

65. 그가 만일 네게 불의를 하였거나 네게 빚진 것이 있으면 그것을 어떻게 하라고 했습니까?(1장)

제5장 / 골로새서–야고보서

히브리서

서론

저자 : 미상

연대 : 주후 60년대 후반으로 추정

수신자 : 로마에 있는 유대 그리스도인들

목적 : 기독교로 개종한 후 여러 가지 문제로 고통 받고 있는 유대인들에게 기독교의 진리와 그 우월성을 변증함

주제 : 그리스도와 그의 새 언약은 완전하다

요절 : 히브리서 11:1

개요 : 1. 천사보다 훨씬 뛰어나신 그리스도(1~2장)
2. 모세와 아론보다 훨씬 뛰어나신 그리스도(3~6장)
3. 멜기세덱의 반차를 따르는 레위 계통의 제사 직문보다 훨씬 뛰어나신 그리스도(7장)
4. 언약, 성소, 제사보다 훨씬 뛰어나신 그리스도(8~10장)
5. 그의 백성에게 훨씬 뛰어난 삶, 믿음의 삶을 주시는 그리스도(11~13장)

학습문제

66. (아들은) 그의 능력의 말씀으로 만물을 붙드시며 어떤 일을 하시고 지극히 크신 이의 우편에 앉으셨습니까?(1장)

---

67. 모든 천사들은 섬기는 영으로서 누구를 위하여 섬기라고 보내 니까?(1장)

---

68. 거룩하게 하시는 이와 거룩하게 함을 입은 자들이 다 한 근원에서 난지라 그러므로 무엇이라 부르시기를 부끄러워하지 아니하십니까?(2장)

69. 그러므로 그가 범사에 형제들과 같이 되심이 마땅하도다 이는 하나님의 일에 무엇이 되어 백성의 죄를 속량하려 하심입니까?(2장)

70. 우리가 믿는 도리의 사도이시며 대제사장이신 예수를 어떻게 하라고 하셨습니까?(3장)

71. 오직 오늘이라 일컫는 동안에 매일 무엇을 하여 너희 중에 누구든지 죄의 유혹으로 완고하지 않게 하라고 하셨습니까?(3장)

72. 들은 바 그 말씀이 그들에게 유익하지 못한 것은 듣는 자가 어떻게 하지 않아서 그렇습니까?(4장)

73. 우리는 긍휼하심을 받고 때를 따라 돕는 은혜를 얻기 위하여 어디로 담대히 나아가야 합니까?(4장)

74. 그는 육체에 계실 때 심한 통곡과 눈물로 간구와 소원을 올렸고 무엇으로 말미암아 들으심을 얻으셨습니까?(5장)

75. 단단한 음식은 장성한 자의 것이니 그들은 지각을 사용함으로 연단을 받아 무엇을 하는 자들입니까?(5장)

76. 하나님의 선한 말씀과 내세의 능력을 맛보고도 타락한 자들은 다시 새롭게 하여 무엇을 할 수 없습니까?(6장)

---

77. 무엇이 바꾸어졌은즉 율법도 반드시 바꾸어지리라고 했습니까?(7장)

---

78. 그러나 이제 그는 더 아름다운 직분을 얻으셨으니 그는 더 좋은 약속으로 세우신 어떤 분이십니까?(8장)

---

79. 성령이 이로써 보이신 것은 첫 장막이 서 있을 동안에는 무엇이 아직 나타나지 아니한 것입니까?(9장)

---

80. 한 번 죽는 것은 사람에게 정해진 것이요 그 후에는 무엇이 있습니까?(9장)

---

81. 오직 그리스도는 죄를 위하여 무엇을 드리시고 하나님 우편에 앉으셨습니까?(10장)

---

82. 그러므로 그 길은 우리를 위하여 휘장 가운데로 열어 놓으신 새로운 살 길이요 휘장은 곧 무엇입니까?(10장)

---

83. 우리가 진리를 아는 지식을 받은 후 짐짓 죄를 범한즉 다시 무엇이 없습니까?(10장)

---

84. 믿음의 주요 온전케 하시는 예수는 그 앞에 있는 무엇을 위하여 십자가를 참으셨습니까?(12장)

85. 너희가 죄와 싸우되 아직 어느 정도까지 대항하지 아니한다고 했습니까?(12장)

86. 주께서 그 사랑하시는 자를 무엇을 하시고 그가 받아들이시는 아들마다 무엇을 하십니까?(12장)

87. 징계는 다 받는 것이거늘 너희에게 없으면 무엇이요 친아들이 아닙니까?(12장)

88. 그러므로 우리가 어떤 나라를 받았은즉 은혜를 받자고 했습니까?(12장)

89. 너희도 함께 갇힌 것같이 갇힌 자를 생각하고 너희도 몸을 가졌은즉 어떤 자를 생각하라고 했습니까?(13장)

90. 여러 가지 다른 교훈에 끌리지 말고 마음은 어떻게 하는 것이 아름답습니까?(13장)

91. 오직 선을 행함과 무엇을 잊지 말라 하나님은 이 같은 제사를 기뻐하신다고 했습니까?(13장)

제5장 / 골로새서-야고보서

야고보서

서론

저자 : 주님의 동생 야고보
연대 : 주후 62년경
수신자 : 각처에 흩어져 있는 유대 그리스도인들
목적 : 환난 중에 있는 성도들에게 믿음의 인내를 권면하고 바른 믿음의 실천을 강조함
주제 : 신자는 삶 속에서 믿음이 자라야 한다
요절 : 야고보서 2:22
개요 : 1. 신자가 시련을 대하는 자세(1장)
2. 신자가 사람들을 대하는 자세(2장)
3. 신자가 말하는 자세(3장)
4. 신자가 삶 속에서 죄를 처리하는 자세(4장)
5. 신자가 삶 속에서 기도하는 자세(5장)

학습문제

92. 무엇을 온전히 이루라 이는 너희로 온전하고 구비하여 조금도 부족함이 없게 하려 함이라고 했습니까?(1장)

93. 누구든지 스스로 경건하다 생각하며 무엇을 재갈 물리지 아니하고 자기 마음을 속이면 이 사람의 경건은 헛것이라고 했습니까?(1장)

94. 하나님이 세상에서 어떤 자를 택하사 믿음에 부요하게 하십니까?(2장)

95. 사람이 믿음이 있노라 하고 무엇이 없으면 무슨 유익이 있으리라고 했습니까?(2장)

96. 혀는 우리 지체 중에서 온 몸을 더럽히고 삶의 수레바퀴를 불사르나니 그 사르는 것이 무엇에서 납니까?(3장)

97. 누구든지 세상과 벗이 되고자 하는 자는 스스로 하나님과 무엇이 되는 것입니까?(4장)

98. 형제를 비방하고 판단하는 자는 곧 무엇을 비방하고 판단하는 것입니까?(4장)

99. 보라 너희 밭에서 추수한 품꾼에게 주지 아니한 삯이 소리 지르며 그 추수한 자의 우는 소리가 누구의 귀에 들렸다고 했습니까?(5장)

100. 무엇은 병든 자를 구원하리니 주께서 그를 일으키시리라고 했습니까?(5장)

제6장 / 베드로전서-요한계시록

베드로전서

서론

저자 : 사도 베드로
연대 : 주후 64년경
수신자 : 유대에서 나와 각처에 흩어져 있는 성도들
목적 : 환난 중에 있는 성도들에게 흔들리지 않는 담대한 믿음과 소망으로 권고
주제 : 신자가 삶 속에서 견디고 강해지는 것은 하나님의 은혜이다
요절 : 베드로전서 5:12
개요 : 1. 하나님의 구원의 은혜(1:1~2:10)
2. 여러 생활에서 하나님의 은혜의 도우심(2:11~3:12)
3. 임박한 고난(3:13~5장)

학습문제

1. 무엇을 얻기 위해 택하심을 받은 자들에게 편지했습니까?(1장)

2. 믿음의 결국은 곧 무엇을 받는 것입니까?(1장)

3. 너희가 어떻게 너희 영혼을 깨끗하게 하여 거짓이 없이 형제를 사랑하기에 이르렀다고 했습니까?(1장)

4. 이는 너희를 어두운 데서 불러내어 그의 기이한 빛에 들어가게 하신 이의 무엇을 선포하게 하심이라고 했습니까?(2장)

5. 사랑하는 자들아 거류민과 나그네 같은 너희를 권하노니 영혼을 거슬러 싸우는 무엇을 제어하라고 했습니까?(2장)

6. 사환들아 범사에 두려워함으로 주인들에게 순종하되 선하고 관용하는 자들에게만 아니라 또한 어떤 자들에게도 그리하라고 했습니까?(2장)

7. 너희 속에 있는 소망에 관한 이유를 묻는 자들에게는 무엇을 항상 준비하되 온유와 두려움으로 하라고 했습니까?(3장)

8. 세례는 육체의 더러운 것을 제하여 버림이 아니요 하나님을 향한 무엇입니까?(3장)

9. 그리스도께서 이미 육체의 고난을 받으셨으니 너희도 같은 마음으로 갑옷을 삼으라 이는 육체의 고난을 받은 자는 무엇을 그쳤기 때문이라고 했습니까?(4장)

10. 만물의 마지막이 가까이 왔으니 그러므로 너희는 정신을 차리고 무엇을 하라고 했습니까?(4장)

11. 너희가 그리스도의 이름으로 치욕을 당하면 어떤 자라고 했습니까?(4장)

12. 만일 그리스도인으로 고난을 받으면 부끄러워하지 말고 도리어 그 이름으로 하나님께 무엇을 돌리라고 했습니까?(4장)

13. 맡은 자들에게 어떤 자세를 하지 말고 양 무리의 본이 되라고 했습니까?(5장)

14. 그러므로 하나님의 무엇 아래에서 겸손하라 때가 되면 너희를 높이신다고 했습니까?(5장)

베드로후서

서론

저자 : 사도 베드로

연대 : 주후 66년경

수신자 : 베드로전서와 동일

목적 : 배교와 거짓 교사들을 경계하고 복음의 진리 위에 굳게 서서 부도덕한 쾌락주의를 물리치도록 권고함

주제 : 신자는 예수 그리스도의 은혜와 그를 아는 지식에서 성장해야 한다

요절 : 베드로후서 3:18

개요 : 1. 신자는 고귀한 말씀을 붙잡고 영적으로 성장해야 함(1장)
2. 신자는 거짓 선생들을 분별하고 피해야 함(2장)
3. 신자는 그리스도의 재림의 약속을 굳게 믿어야 함(3장)

학습문제

15. 보배롭고 지극히 큰 약속을 우리에게 주사 이 약속으로 말미암아 세상에서 썩어질 것을 피해 무엇에 참여하는 자가 되게 하심이라고 했습니까?(1장)

16. 형제들아 더욱 힘써 너희의 무엇을 굳게 하라고 했습니까?(1장)

17. 예언은 언제든지 사람의 뜻으로 낸 것이 아니요 오직 무엇을 받은 사람들이 하나님께 받아 말한 것입니까?(1장)

18. 거짓 선생들은 무엇을 가만히 끌어들여 자기들을 사신 주를 부인하고 임박한 멸망을 스스로 취하는 자들입니까?(2장)

19. 그러나 이 사람들은 본래 잡혀 죽기 위하여 난 무엇 같아서 그 알지 못하는 것을 비방합니까?(2장)

20. 주의 날이 무엇같이 오면 하늘이 큰 소리로 떠나가고 물질이 뜨거운 불에 풀어지고 땅과 그중에 있는 모든 일이 드러나리라고 했습니까?(3장)

21. 하나님의 날이 임하기를 바라보고 어떻게 하라 했습니까?(3장)

22. 모든 편지에 알기 어려운 것이 더러 있으니 무식한 자들과 굳세지 못한 자들이 그것도 다른 성경과 같이 어떻게 하다가 스스로 멸망에 이릅니까?(3장)

요한1서

서론

저자 : 사도 요한
연대 : 주후 90년경
수신자 : 모든 성도
목적 : 그리스도의 선재성과 신성을 강조하고 영지주의 이단을 경계하도록 권고함
주제 : 신자는 영생을 확신해야 한다
요절 : 요한1서 5:13
개요 : 1. 하나님의 자녀는 하나님과 교제를 나누고 믿음을 실천해야 함(1~2장)
2. 하나님의 자녀는 하나님의 뜻을 행해야 함(3장)
3. 하나님의 자녀는 믿음의 형제들을 사랑해야 함(4장)
4. 하나님의 자녀는 진리를 믿어야 함(5장)

학습문제

23. 우리가 보고 들은 바를 너희에게도 전함은 너희로 우리와 무엇이 있게 함이었습니까?(1장)

---

24. 우리가 그에게서 듣고 너희에게 전하는 소식은 곧 무엇이라고 했습니까?(1장)

---

25. 만일 우리가 범죄하지 아니하였다 하면 하나님을 어떻게 만드는 것입니까?(1장)

---

26. 그는 우리 죄를 위한 무엇이니 우리만 위할 뿐 아니요 온 세상의 죄를 위하심입니까?(2장)

27. 그를 아노라 하고 그의 계명을 지키지 아니하는 자는 어떤 사람입니까?(2장)

28. 빛 가운데 있다 하면서 그 형제를 미워하는 자는 지금까지 어디에 있는 자입니까?(2장)

29. 이 세상이나 세상에 있는 것들을 사랑하지 말라 누구든지 세상을 사랑하면 무엇이 그 안에 있지 아니합니까?(2장)

30. 이 세상도 그 정욕도 지나가되 오직 무엇을 행하는 자는 영원히 거합니까?(2장)

31. 누가 적그리스도입니까?(2장)

32. 죄를 짓는 자는 누구에게 속합니까?(3장)

33. 우리는 무엇으로 사망에서 옮겨 생명으로 들어간 줄 압니까?(3장)

34. 우리가 말과 혀로만 사랑하지 말고 무엇으로 하자 했습니까?(3장)

35. 만일 우리 마음이 우리를 책망할 것이 없으면 하나님 앞에서 무엇을 얻습니까?(3장)

36. 이로써 너희가 하나님의 영을 알지니 곧 예수 그리스도께서 육체로 오신 것을 어떻게 하는 영마다 하나님께 속한 것입니까?(4장)

37. 하나님께 속한 자는 우리의 말을 듣고 속하지 아니한 자는 듣지 아니하니 이로써 무엇을 안다고 했습니까?(4장)

38. 무엇이 두려움을 내쫓습니까?(4장)

39. 하나님을 사랑하는 것은 이것이니 우리가 무엇을 하는 것입니까?(5장)

40. 하나님의 아들을 믿는 자는 자기 안에 무엇이 있습니까?(5장)

41. 우리는 하나님께 속하고 온 세상은 누구 안에 처해 있습니까?(5장)

요한2서

서론

저자 : 사도 요한

연대 : 주후 90년경

수신자 : 택하심을 받은 부녀와 그 자녀들

목적 : 사랑을 실천할 것과 영지주의 거짓 교사들을 단호히 배척하도록 권고

주제 : 신자는 미혹하는 자를 조심해야 한다

요절 : 요한2서 1:9

개요 : 1. 진리를 알지만 실천하지 않음(1~6절)

2. 진리를 실천하지만 옹호하지 않음(7~11절)

3. 바울의 문안(12~13절)

학습문제

42. 미혹하는 자가 세상에 많이 나왔나니 이는 예수 그리스도의 무엇을 부인하는 자입니까?(1장)

---

43. 그리스도의 교훈 안에 거하지 아니하는 자는 다 무엇을 모시지 못합니까?(1장)

제6장 / 베드로전서-요한계시록

요한3서

서론

저자 : 사도 요한
연대 : 주후 90년경
수신자 : 가이오
목적 : 사랑하는 가이오를 칭찬하고 권고함
주제 : 신자는 하나님의 진리가 삶의 핵심이 되어야 한다
요절 : 요한3서 1:2
개요 : 1. 진리 안에서 걸음(1~4절)
2. 진리를 위해 일함(5~8절)
3. 진리를 환영함(9~10절)
4. 진리를 증언함(11~14절)

학습문제

44. 사랑하는 자녀여 무엇같이 네가 범사에 잘되고 강건하기를 내가 간구하노라고 했습니까?(1장)

---

45. 내가 내 자녀들이 어떻게 함을 듣는 것보다 더 기쁜 일이 없다고 했습니까?(1장)

---

46. 누가 으뜸 되기를 좋아했습니까?(1장)

유다서

서론

저자 : 야고보의 동생 유다
연대 : 주후 70~80년경
수신자 : 모든 성도
목적 : 영지주의 이단과 단호한 믿음의 싸움을 하도록 촉구함
주제 : 신자는 믿음의 도를 위하여 힘써 싸워야 한다
요절 : 유다서 1:3
개요 : 1. 거짓 선생들의 정체(1~4절)
2. 거짓 선생들의 행동(5~11절)
3. 거짓 선생들의 열매(12~16절)
4. 신자가 행해야 할 것(17~25절)

학습문제

47. 성도에게 단번에 주신 믿음의 도를 위해 어떤 편지를 권할 필요를 느꼈다고 했습니까?(1장)

48. (이단들은) 영원히 예비된 캄캄한 흑암으로 돌아갈 무엇이라고 했습니까?(1장)

49. 사랑하는 자들아 너희는 우리 주 예수 그리스도의 사도들의 무엇을 기억하라고 했습니까?(1장)

50. 마지막 때의 조롱하는 자들은 분열을 일으키는 자며 육에 속한 자며 또한 어떤 자라고 했습니까?(1장)

---

50. 마지막 때의 조롱하는 자들은 분열을 일으키는 자며 육에 속한 자며 또한 어떤 자라고 했습니까?(1장)

요한계시록

서론

저자 : 사도 요한
연대 : 주후 95~96년경
장소 : 에베소 서편의 밧모 섬
수신자 : 모든 성도
목적 : 성도들이 박해를 이겨내도록 그리스도의 승리와 미래의 영광의 계시를 선포
주제 : 예수 그리스도는 승리의 어린 양이시다
요절 : 요한계시록 1:8
개요 : 1. 과거에 너희가 본 것들(1장)
2. 현재 너희의 형편(2~3장)
3. 미래에 이루어질 일들(4~22장)

학습문제

51. 예수 그리스도의 계시라 이는 하나님이 그에게 주사 어떤 일들을 그 종들에게 보이신 것입니까?(1장)

---

52. 내가 전에 죽었었노라 볼지어다 이제 세세토록 살아 있어 무엇을 가졌다 하셨습니까?(1장)

---

53. 어디서 떨어졌는지를 생각하고 회개하여 처음 행위를 가지라 그리하지 않으면 네 무엇을 그 자리에서 옮긴다고 하셨습니까?(2장)

---

54. 서머나 교회의 사자에게 이르시되 자칭 유대인이라 하는 자들의 비방도 알거니와 실상은 무엇이라고 하셨습니까?(2장)

55. 사탄이 사는 곳에서 죽임을 당할 때에도 믿음을 저버리지 않았던 충성된 증인은?(2장)

56. 두아디라 교회의 사자는 자칭 선지자라 하는 여자 누구를 용납했습니까?(2장)

57. 어느 교회의 사자가 살았다 하는 이름은 가졌으나 죽은 자였습니까?(3장)

58. 어느 교회의 사자에게 네가 나의 인내의 말씀을 지켰다고 하셨습니까?(3장)

59. 라오디게아 교회의 사자에게 무엇을 사서 눈에 발라 보게 하라고 하셨습니까?(3장)

60. 보좌 앞에 켠 등불이 일곱이 있으니 이는 무엇입니까?(4장)

61. 금 대접에 가득한 향은 무엇입니까?(5장)

62. 붉은 말을 탄 자는 허락을 받아 땅에서 무엇을 제해 버립니까?(6장)

63. 청황색 말을 탄 자의 이름은 사망이니 무엇이 그 뒤를 따릅니까? (6장)

64. 흰 옷을 입은 자들은 어디에서 나오는 자들입니까?(7장)

65. 첫째 천사가 나팔을 부니 무엇이 나와서 땅에 떨어집니까?(8장)

66. 강들의 삼분의 일과 여러 물샘에 떨어진 횃불같이 타는 큰 별의 이름은?(8장)

67. 다섯째 천사가 나팔을 불매 하늘에서 떨어진 별 하나는 무엇을 받았습니까?(9장)

68. 황충이 연기 가운데로부터 땅 위에 나오매 그들이 땅에 있는 무엇을 받았더라고 했습니까?(9장)

69. 무저갱의 사자의 이름은 히브리어와 헬라어로 각각 무엇입니까? (9장)

70. 사도 요한이 들은 마병대의 수는 얼마입니까?(9장)

71. 일곱 우레가 말한 것을 어떻게 하라고 하셨습니까?(10장)

72. 사도 요한이 천사의 손에서 입에는 꿀같이 다나 먹은 후에 배에서는 쓴 무엇을 갖다 먹어 버렸습니까?(10장)

73. 성전 바깥 마당은 이방인에게 주었은즉 그들이 거룩한 성을 몇 달 동안 짓밟습니까?(11장)

74. 짐승에게 진 두 증인의 시체가 큰 성 길에 있으리니 그 성은 영적으로 하면 소돔이라고도 하고 애굽이라고도 하는데 곧 그들의 주께서 어떻게 되신 곳입니까?(11장)

75. 하늘에 있는 하나님의 성전이 열리니 성전 안에 무엇이 보였습니까?(11장)

76. 여자가 아들을 낳으니 이는 장차 철장으로 만국을 다스릴 남자라 그 아이를 어디로 올려가더라고 했습니까?(12장)

77. 하늘에 전쟁이 있으니 누가 용과 더불어 싸웠습니까?(12장)

78. 용이 여자에게 분노하여 그 여자의 남은 자손 곧 하나님의 계명을 지키며 무엇을 가진 자들과 더불어 싸우려고 합니까?(12장)

79. 바다에서 나오는 한 짐승의 일곱 머리에는 어떤 이름들이 있습니까?(13장)

80. 짐승의 수 육백육 육은 무엇입니까?(13장)

81. 보좌 앞과 네 생물과 이 사 장로들 앞에서 부르는 새 노래는 땅에서 속량함을 받은 누구들 외에 능히 그 노래를 배울 자가 없습니까?(14장)

82. 짐승과 우상에게 경배하고 그의 이름표를 받는 자는 누구든지 밤낮 무엇을 얻지 못합니까?(14장)

83. 첫째 천사가 대접을 쏟으니 짐승의 표를 받은 사람들과 그 우상에게 절한 사람들에게 무엇이 납니까?(16장)

84. 사도 요한이 보매 무엇이 용의 입과 짐승의 입과 거짓 선지자의 입에서 나왔습니까?(16장)

85. 그의 이마에 이름이 기록되었으니 비밀이라 큰 바벨론이라 땅의 음녀들과 가증한 것들의 무엇이라고 했습니까?(17장)

86. 지혜 있는 뜻이 여기 있으니 그 일곱 머리는 여자가 앉은 일곱 산이요 또 무엇인데 다섯은 망하였고 하나는 있고 다른 하나는 아직 이르지 아니하였다고 했습니까?(17장)

87. 큰 성 바벨론의 무엇으로 말미암아 만국이 무너졌습니까?(18장)

88. 땅의 상인들이 바벨론의 멸망을 보고 울고 애통한 것은 다시 그들의 무엇을 사는 자가 없기 때문이었습니까?(18장)

89. 한 힘 센 천사가 무엇을 들어 바다에 던지며 큰 성 바벨론이 그렇게 된다고 했습니까?(18장)

90. 어린 양의 아내가 입도록 허락한 빛나고 깨끗한 세마포 옷은 무엇입니까?(19장)

91. 공의로 심판하며 싸우는 백마를 탄 자의 이름이 무엇입니까?(19장)

92. 또 그가 피 뿌린 옷을 입었는데 그 이름을 무엇이라고 칭했습니까?(19장)

93. 누구든지 생명책에 기록되지 못한 자는 어디에 던져집니까?(20장)

94. 또 내가 보매 하나님께로부터 어디에서 내려오는 거룩한 성 새 예루살렘은 그 준비한 것이 신부가 남편을 위하여 단장한 것 같다고 했습니까?(21장)

95. 하나님이 친히 그들과 함께 계셔서 무엇을 그 눈에서 닦아 주시니 다시는 사망이 없고 애통하는 것이나 곡하는 것이나 아픈 것이 다시 있지 아니하리라고 했습니까?(21장)

96. 열두 문은 열두 진주니 각 문마다 한 개의 진주로 되어 있고 성의 길은 맑은 유리 같은 무엇으로 되어 있습니까?(21장)

97. 무엇이든지 속된 것이나 가증한 일 또는 거짓말하는 자는 결코 그리로 들어가지 못하되 오직 어디에 기록된 자들만 들어가리라고 했습니까?(21장)

98. 생명수 강 좌우에 있는 생명나무의 잎사귀들은 무엇을 위해 있습니까?(22장)

99. 무엇을 빠는 자들은 복이 있으니 이는 그들이 생명나무에 나아가며 문들을 통하여 성에 들어갈 권세를 받으려 함이라고 했습니까?(22장)

100. 이것들을 증언하신 이가 이르시되 무엇이라고 하셨습니까?(22장)

(신약 열람 문제 끝)

메모